WISO: Existenzgründung

Michael Opoczynski ist einer der prominentesten deutschen Wirtschaftsjournalisten. Der erfolgreiche Sachbuchautor ist seit 1992 Redaktionsleiter und Moderator des ZDF-Wirtschafsmagazins WISO.

Michael Opoczynski

ZDF WISO Existenzgründung

unter Mitarbeit von
Ruth und Friedhelm Schwarz

Campus Verlag
Frankfurt/New York

Bibliografische Information der Deutschen Bibliothek
Die Deutsche Bibliothek verzeichnet diese Publikation in der Deutschen Nationalbibliografie. Detaillierte bibliografische Daten sind im Internet über http://dnb.ddb.de abrufbar.
ISBN-10 3-593-37965-1
ISBN-13 978-3-593-37965-4

Umschlaggestaltung: grimm.design, Düsseldorf
Umschlagmotiv: Corbis, Düsseldorf
Satz: Publikations Atelier, Dreieich
Druck und Bindung: Druck Partner Rübelmann, Hemsbach
Gedruckt auf säurefreiem und chlorfrei gebleichtem Papier. Printed in Germany

Besuchen Sie uns im Internet: www.campus.de

Inhalt

Vorwort

Liebe Leserin, lieber Leser!

Schwierige Zeiten bringen mutige Menschen hervor. Das ist die ermutigende Botschaft, denn wir leben in schwierigen Zeiten: Berufe verschwinden, Arbeitsplätze werden abgebaut, Betriebe schließen quasi über Nacht.

Die mutigen Menschen lassen sich jedoch von all dem nicht beirren. Sie vertrauen auf ihre Kraft, ihre Kreativität, ihre Leistungsfähigkeit und beschließen, ihre eigene Existenz zu gründen. Das nenne ich mutig. Wenn Sie dieses Buch in den Händen halten, sind Sie auf dem richtigen Weg.

Dies ist ein WISO-Ratgeber! Ein Produkt, das in unmittelbarer Nähe zu der beliebten und erfolgreichen ZDF-Sendung entstanden ist. Es wurde wie bei WISO großer Wert auf den praktischen Nutzen gelegt. Es wird mit anschaulichen Beispielen gearbeitet und die Sprache ist trotz aller notwendigen Präzision einfach und verständlich. So wie WISO an jedem Montagabend Millionen Zuschauer erreicht, so sollen hier die interessierten und potenziellen Gründerinnen und Gründer erreicht werden.

Wir können helfen und beraten, aber wir können Ihnen nicht den Impuls und die Kraft geben. Den Schritt in die Selbstständigkeit können nur Sie gehen, und dann sollten Sie nach vorne blicken und entschlossen Ihren Weg verfolgen.

Auch wenn Sie sich gegen die Selbstständigkeit entscheiden, ist das in Ordnung: Es gibt wunderbare Berufe und große Karrieren, die Angestellten oder Beamten offen stehen. Und nicht zuletzt ist dies kein Entschluss für die Ewigkeit.

So oder so – entscheiden Sie! Aber egal was Sie tun: Bereuen Sie nichts und hadern Sie nicht mit Ihrer Entscheidung! Sie brauchen Klarheit. Und wenn dieses Buch Ihnen die notwendige Entscheidungsfindung erleichtert, ist der Autor sehr zufrieden.

Viel Erfolg auf Ihrem weiteren Weg wünscht Ihnen

Michael Opoczynski

Die Kernfrage: Sind Sie der Typ für die Selbstständigkeit?

Zusammenfassung

Nicht jeder ist für die Selbstständigkeit geboren. Existenzgründung oder Angestelltendasein – das ist unter anderem eine Typfrage. Zuerst einmal ist es eine Frage des Mutes und der eigenen Einstellung: Ist man bereit, diesen Schritt zu wagen und gewisse Risiken einzugehen, oder zieht man einen sicheren Arbeitsplatz vor? Wenn man sich für die Selbstständigkeit entscheidet, spielen sowohl persönliche als auch fachliche und unternehmerische Qualifikationen eine wichtige Rolle. Worauf es dabei genau ankommt und wie Sie herausfinden können, ob Sie der Typ für die Selbstständigkeit sind, lesen Sie in diesem Kapitel.

Sind wir im »alten Europa« tendenziell Angsthasen? Es scheint so, denn auf unserem Kontinent scheut man bei einer Existenzgründung das Risiko des Scheiterns wesentlich stärker als in den USA. Nur 29 Prozent der Amerikaner stimmen der Aussage zu: »Man sollte kein Unternehmen gründen, wenn das Risiko des Scheiterns besteht.« Im Umkehrschluss bedeutet das, 71 Prozent aller Existenzgründer in den USA nehmen das Risiko einer Pleite schon beim Start bewusst in Kauf. Die Amerikaner sind offenbar einfach risikofreudiger und unternehmerischer!

Hier bei uns liegt die Risikobereitschaft im Zusammenhang mit einer Existenzgründung durchschnittlich bei 56 Prozent. 44 Prozent der Menschen würden die Gefahren des Scheiterns gern grundsätzlich vermeiden. Dieser Mittelwert hat allerdings nur geringe Aussagekraft, da in den verschiedenen EU-Mitgliedsländern eine deutlich unterschiedliche Risikobereitschaft besteht.

In Irland haben nur 25 Prozent der Menschen Angst vor dem Scheitern, während 75 Prozent optimistisch in die Zukunft blicken. Wer den seit Jahren anhaltenden Aufschwung auf dieser Insel und den damit einhergehenden Optimismus beobachtet, weiß, woher das kommt. Aber auch in Großbritannien liegt das Verhältnis von Pessimisten zu Optimisten immer noch bei 34 zu 66 Prozent.

In Deutschland sieht das anders aus: 52 Prozent der Deutschen würden der Aussage zustimmen, dass man kein Unternehmen gründen sollte, wenn das Risiko des Scheiterns besteht – und nur 48 Prozent würden es trotzdem wagen.

Offensichtlich besteht eine Relation zwischen den aktuellen Wirtschaftsaussichten und der Risikobereitschaft. Weil in Irland die Konjunktur schon seit einigen Jahren boomt, hat dort kaum jemand Angst vor einer Pleite – eine zweite oder dritte Chance ist ihm ziemlich sicher. In Deutschland ist es genau umgekehrt: Hier möchten die meisten gerade jetzt eindeutig auf Nummer Sicher gehen, weil die Aussichten trübe sind. Die Aussichten sind aber so, weil jeder nur noch auf Nummer Sicher gehen will. Die Frage lautet also: Wie kann man einer ganzen Nation mehr Mut und Risikobereitschaft einpflanzen?

47 Prozent der Europäer sagen zwar, dass sie die Selbstständigkeit gegenüber dem Angestelltendasein bevorzugen, aber nur 17 Prozent verwirklichen diesen Wunsch auch. Nur 4 Prozent der Europäer befinden sich in der Gründungsphase oder haben innerhalb der vergangenen drei Jahre ein Unternehmen gegründet. In den USA sind es mehr als 10 Prozent.

Verschiedene Initiativen wie zum Beispiel das nordrhein-westfälische Gründungsnetzwerk »NRW GO!« versuchen, die Deutschen zur Selbstständigkeit zu ermuntern. Neuerdings soll das unternehmerische Denken sogar in den Lehrplänen der Schulen und Hochschulen in Nordrhein-Westfalen als Schlüsselqualifikation verankert werden. Schüler, Auszubildende und Studenten sollen die Chance haben, Selbstständigkeit frühzeitig als berufliche Alternative zu erkennen.

Auch wir vom ZDF sind dabei: Seit Jahren begleitet und belohnt die Initiative »StartUp«, ein Gemeinschaftswerk von Sparkassen, McKinsey und der Zeitschrift *Stern*, mit unserer Beteiligung junge Unternehmer und Existenzgründer für ihren Ideenreichtum, für ihren Mut und ihren Willen zum persönlichen Einsatz. Der Höhepunkt dieser Initiative ist die jährliche Verleihung des »Deutschen Gründerpreises« für junge und visionäre Unternehmer, aber auch für hoch erfolgreiche Unternehmer am Ende ihres Lebenswerkes, wie zum Beispiel »Brillenkönig« Günther Fielmann oder Claus Hipp, der 2005 für sein Lebenswerk ausgezeichnet wurde, nämlich die erfolgreiche und beispielhafte Führung des Unternehmens »Hipp-Babynahrung«. Der »Deutsche Gründerpreis« mit all seinen StartUp-Angeboten präsentiert sich online unter www.startup-initiative.de.

Auch an den deutschen Universitäten und Hochschulen tut sich etwas. Ein Beispiel ist die Fachhochschule Zweibrücken. Dort wird schon seit mehreren Jahren im Studiengang Digitale Medien von Professor Dr. Helmut Reichling Betriebswirtschaftslehre mit dem Ziel vermittelt, digitale Medien zur Grundlage der Existenzgründung zu machen. Wann diese Maßnahmen greifen, ist allerdings noch ungewiss.

Die Zurückhaltung der Deutschen bei der Existenzgründung liegt sicher nicht nur an ihrer Mentalität, der Konjunktur und dem fehlenden Wissen über die Selbstständigkeit, sondern auch an den bestehenden bürokratischen Hemmnissen. Nach einer Untersuchung der Weltbank dauert es hierzulande im Durchschnitt 45 Tage, bis eine neue Firma ihr Geschäft aufnehmen kann. Dabei sind neun verschiedene Stellen anzulaufen, vom Finanzamt über die zuständige Kammer bis zum Gewerbeaufsichtsamt. In Australien dagegen dauert eine Firmengründung nur zwei Tage, in Kanada drei, in Dänemark vier und in den USA fünf Tage.

Ist die Gründung vollzogen, muss auch der kleinste Betrieb in Deutschland damit rechnen, sich mit einem großen Teil der rund 49 000 Gesetze und Vorschriften mehr oder weniger intensiv beschäftigen zu müssen – trotz der wiederholten lauten Versprechungen der Politik, »jetzt« und »ganz entschieden« mit dem Bürokratieabbau beginnen zu wollen. Auch die neue Regierung hat sich wiederum das Ziel »Vereinfachung« gesetzt.

Im Jahr 2003 haben immerhin 1,6 Millionen Menschen in Deutschland den Schritt in die Selbstständigkeit gewagt, das entspricht 2,3 Prozent der Bevölkerung ab 14 Jahren. Bei rund 681 000 der Neugründungen handelte es sich um einen Vollerwerb, bei 974 000 um einen Nebenerwerb. Gut ein Drittel dieser Nebenerwerbsgründer planen ihre Selbstständigkeit zum Vollerwerb auszubauen. 31 Prozent aller Neugründer sind aus der Arbeitslosigkeit gestartet.

Die alten Regeln gelten nicht mehr

Früher war klar: Wer sich selbstständig macht, wechselt automatisch ins Unternehmerlager. Für Handwerker zum Beispiel war es nach Erwerb des Meisterbriefs in der Regel die logische Fortsetzung der als Arbeitnehmer begonnenen Laufbahn, eine Firma zu gründen oder eine bestehende zu übernehmen. Dazu gehörten nur Können, ein gewisser Ehrgeiz und etwas Geld.

Aus dieser Zeit stammt auch die heute noch vorherrschende Sichtweise, Selbstständige mit besser Verdienenden und Beamten gleichzusetzen. Dass Selbstständige zu den besser verdienenden Menschen gehören, ist aber heute in der Realität überwiegend nicht mehr der Fall, denn immer häufiger werden Menschen, die vorher angestellt waren, in die Selbstständigkeit gezwungen. Wenn ihre Leistungen ausgelagert werden, arbeiten sie oft genug – ohne es zu wollen – als so genannte Selbstangestellte. Solche Selbstangestellte verdienen in der Regel weniger als abhängig Angestellte und müssen darüber hinaus für ihre Kranken- und Altersvorsorge selbst aufkommen.

Eine angestellte Tätigkeit bot früher in der Regel die lebenslange Sicherheit eines geregelten Einkommens. Doch die Zeit der lebenslangen Arbeitsplatzgarantie ist für die Mitarbeiter in fast allen Unternehmen vorbei. Abhängig Beschäftigte sind zwar gegen Arbeitslosigkeit versichert, aber insgesamt ist Sicherheit kein Argument mehr für eine abhängige Beschäftigung, ebenso wie Selbstständigkeit nicht mit mehr gutem Verdienst gleichgesetzt werden kann.

Ein Vorteil gegenüber der Selbstständigkeit ist den abhängig Beschäftigten aber geblieben: die geregelte Arbeitszeit einschließlich des geregelten Urlaubsanspruchs. Wer sich für die Gründung einer Existenz entscheidet, muss davon ausgehen, dass er viel flexibler arbeiten muss als ein Angestellter und auch in den meisten Fällen – zumindest in den ersten Jahren nach der Gründung – auf Urlaub verzichten muss.

Wenn die Trendforscher zu Wort kommen, sprechen sie gerne von den »Jobnomaden« des 21. Jahrhunderts. Sie sehen einen neuen Typ von Arbeitnehmern, der hoch motiviert ist, zu flexiblen Zeiten und an wechselnden Orten einsatzbereit ist sowie zunehmend eigenverantwortlich und auch in verschiedenen Jobs arbeitet. Doch fast drei Viertel der Arbeitnehmer wollen auch im neuen Jahrhundert so wie ihre Eltern arbeiten: fest angestellt und mit geregeltem Feierabend. Selbst die 18- bis 34-Jährigen scheuen eine permanente Flexibilität und Mobilität. Nach wie vor wünschen sich die meisten Arbeitnehmer klare Aufgabenprofile und verbindliche Arbeitsanweisungen, erwarten aber ausreichend Spielraum für Teamleistungen.

Existenzgründung bedeutet heute nicht mehr, ein Unternehmen zu gründen, sondern die Verantwortung für den Lebensunterhalt und für die Familie selbst zu übernehmen beziehungsweise übernehmen zu müssen.

Viele Menschen stehen heute mit dem Rücken zur Wand und müssen sich zwischen Arbeitslosigkeit und Selbstständigkeit entscheiden. Das war lange Zeit nicht so. In der Vergangenheit wurde die Existenzgründung nicht als ein Mittel gesehen, um der Arbeitslosigkeit zu entgehen. Wer sich früher selbstständig machte, wählte nur eine andere Form der Karriere und zeigte die Bereitschaft, für mehr Wohlstand auch mehr zu leisten als das Mittelmaß. Das alles gilt heute auch noch, jedoch nicht ausschließlich.

WISO rät

Wenn Sie sich für den Weg der Existenzgründung entscheiden, müssen Sie einerseits zu grundlegenden Veränderungen bereit sein und sich möglichst genaue Vorstellungen über Ihre Zukunft machen – und zwar nicht nur über das, was Sie erreichen wollen, sondern auch über das, was in einer sich verändernden Gesellschaft überhaupt noch möglich ist beziehungsweise sein wird. Andererseits bekommen Sie keine Garantie für Ihren Erfolg. Umso wichtiger ist es deshalb, den Weg gut zu planen, um ihn so sicher wie möglich zu machen.

Übersicht: Selbstständig oder angestellt?

Existenzgründung	abhängige Beschäftigung
Vorteile	
• eigenverantwortliches Handeln	• geregeltes und relativ gesichertes Einkommen
• flexibel arbeiten	• geregelte Arbeits- und Urlaubszeit
• leistungsorientierte Bezahlung	• betriebliche Sozialleistungen
• das tun, was man kann und woran man Spaß hat	• Einbettung in das Sozialversicherungsnetz

• eigene Ideen verwirklichen	• begrenztes Aufgabenspektrum
• Chancen, mehr Geld zu verdienen	
Nachteile	
• hohes Risiko und Verantwortung	• geringere Möglichkeit zur Selbstverwirklichung
• man muss sich um alles selbst kümmern	• geringere Möglichkeit zur Verwirklichung eigener Ideen
• kein sicheres und geregeltes Einkommen	• nicht unbedingt leistungsgerechte Bezahlung
• keine geregelte Arbeits- und Urlaubszeit	• mögliche Probleme mit Vorgesetzten und Gleichrangigen
• keine automatische Alterssicherung	• begrenztes Aufgabenspektrum
• keine betrieblichen Sozialleistungen	• eintönige Aufgaben
• Eigenkapital ist in der Regel Voraussetzung	

Was wollen Sie und was können Sie erreichen? – Hoffnung und Realität

Wenn Sie den Schritt in die Selbstständigkeit wagen wollen, sollten Sie sich zunächst ein möglichst genaues Bild Ihrer Zukunft machen: Was wollen Sie erreichen? Welche Hoffnungen und Erwartungen haben Sie? Wie wollen Sie diese realisieren? In welchen Schritten soll dies geschehen? Doch bevor Sie das tun, geht es erst einmal darum zu klären, warum Sie überhaupt eine eigene Existenz gründen wollen.

Es gibt verschiedene Gründe, sich selbstständig zu machen. Ganz oben steht laut einer wissenschaftlichen Studie die unternehmerische und persönliche Freiheit, die 65 Prozent der Befragten nannten, und der Wunsch, selbstständig zu sein, den 60 Prozent anführten. 25 Prozent der Befragten sahen die Existenzgründung als eine Alternative zur Arbeitslosigkeit. 13 Prozent wollten eine Geschäftsidee verwirklichen, 9 Prozent strebten nach höherem Einkommen und Ansehen und 8 Prozent wollten die (Familien-)Tradition weiterführen.

Gerade die ersten beiden Zahlen sind jedoch mit großer Vorsicht zu betrachten, spiegeln sie doch oft nur die Erwartungen wider, die der Befragte bei dem Fragenden und in der Gesellschaft vermutet. Jeder ist bemüht, die »richtigen« Antworten zu geben, um vor anderen oder auch sich selbst bestehen zu können. Das gilt auch für die nachstehenden Aussagen. Als Gründe für einen Start in die Selbstständigkeit werden am häufigsten genannt:

- sich selbst und eigene Ideen verwirklichen
- eigenverantwortlich, frei und unabhängig arbeiten
- mehr Freude an der Arbeit haben
- mehr Erfolgserlebnisse genießen
- endlich tun, was man schon immer wollte
- das Hobby zum Beruf machen
- zeitlich flexibel arbeiten
- mehr Zeit für die Familie haben
- mehr und der Leistung entsprechend Geld verdienen
- nicht mehr arbeitslos sein oder nicht arbeitslos werden
- ein bestehendes Familienunternehmen weiterführen
- ein höheres Ansehen in der Öffentlichkeit gewinnen
- eine günstige Gelegenheit beim Schopf ergreifen
- Arbeitsplätze schaffen und erhalten

Tatsächlich sieht es in der Selbstständigkeit ganz anders aus:

- Selbstverwirklichung ist ein Ideal, das nur selten erreicht wird. Wer von seiner Arbeit leben will, muss den Marktgesetzen in der Regel mehr gehorchen als der inneren Stimme.
- Eigenverantwortlichkeit, Freiheit und Unabhängigkeit erreicht man – wenn überhaupt – erst nach vielen Jahren. Vorher folgt man dem Diktat des Marktes und seiner Kunden.

- Mehr Freude an der Arbeit entsteht allenfalls dann, wenn man die Einsicht in die Notwendigkeit hat, dass zur Selbstständigkeit auch ein großer Teil ungeliebter Tätigkeiten gehören: die Buchhaltung, das Eintreiben von Außenständen oder das Ausfüllen von Statistikformularen, zum Beispiel für die jeweilige Berufsgenossenschaft.
- Der Genuss eines Erfolgs wird immer wieder dadurch getrübt werden, dass man auch Misserfolge und Rückschläge hinnehmen muss.
- Die Erwartung, in der Selbstständigkeit endlich das tun zu können, was man immer schon tun wollte, wird bei einem Kampf um einen Auftrag oder bei Verhandlungen mit unzufriedenen Kunden schnell relativiert.
- Nur wenige Hobbys sind dazu geeignet, sie zum Beruf zu machen. Und wer das getan hat, schaut sich oft schnell nach einem anderen Hobby um, wenn er dazu noch Zeit hat.
- Die zeitliche Flexibilität stellt sich häufig als eine Zeitdiktatur der Auftraggeber heraus. Oft genug bedeutet es, nicht nur zu arbeiten, wenn andere arbeiten, sondern auch dann noch zu arbeiten, wenn andere Feierabend machen.
- In der Regel wird die Zeit für die Familie knapper und nicht mehr.
- Je mehr Existenzgründer es gibt, desto größer wird der Wettbewerb. Man verdient nicht mehr und der Leistung entsprechend Geld, sondern muss meist froh sein, wenn man nicht durch Dumping-Preise der Konkurrenz einen sicher geglaubten Auftrag verliert.
- Ein bestehendes Familienunternehmen weiterzuführen mag zwar ehrenvoll sein, aber es muss auch die Lebensgrundlage sichern. Tradition und Können allein werden von Kunden nicht honoriert, wie zum Beispiel gerade in letzter Zeit viele Bäckereien und Fleischerfachgeschäfte feststellen müssen.
- Mehr Ansehen in der Öffentlichkeit hat nur, wer Erfolg hat – und diesen Erfolg muss ein Existenzgründer sich erst einmal erarbeiten.
- Die günstigen Gelegenheiten beim Schritt in die Selbstständigkeit sind oft genug mit einem Pferdefuß verbunden.
- Bevor ein Existenzgründer Arbeitsplätze schaffen und erhalten kann, muss er zunächst einmal für sich selbst sorgen oder entsprechendes Kapital beschaffen.

Auch bei der Existenzgründung gilt wie so häufig in der Wirtschaft die 80:20-Regel: Nur bei 20 Prozent aller Fälle werden sich die Verhältnisse so ideal gestalten wie gewünscht. 80 Prozent müssen sich mit weniger zufrieden geben.

Achtung

Notlösungen scheitern oft. Eine Existenzgründung muss auf Stärken beruhen und darf nicht aus der Not heraus geschehen. Denn das würde dazu führen, dass man Dinge tun muss, die man eigentlich nicht tun will und auch nicht tun kann. Und das kann nicht gut gehen.

Das bedeutet nun aber nicht, dass Gründungen aus der Arbeitslosigkeit heraus in der Regel scheitern. Nur 11 Prozent der Existenzgründer, die mit Hilfe des Überbrückungsgeldes starten, geben innerhalb der ersten drei Jahre auf.

Was können Sie wirklich? – Analyse der persönlichen Qualifikation

Sind Sie ein »Unternehmertyp« oder halten sich zumindest dafür? Viele Existenzgründer greifen zur Beantwortung dieser Frage auf einen der zahllosen Tests zurück, die in Zeitungen, Zeitschriften, Broschüren und Büchern und natürlich auch im Internet kostenlos oder auch gegen saftige Gebühren angeboten werden.

Diese Tests sind jedoch problematisch, denn die Frage dabei ist immer, welches Bild vom Unternehmer diejenigen vor Augen hatten, die den Test entwarfen. Diese Frage bleibt zumeist unbeantwortet. Geht es um die Fähigkeit der Selbstmotivation, der Eigeninitiative und Selbstverantwortung? Geht es um Führungs- und Managementfähigkeiten? Um Verhandlungsgeschick, kaufmännische Kenntnisse? Um spezielle Fähigkeiten oder Fachwissen? Meist erfährt man nicht, was hinter den verschiedenen Tests steckt und was wie getestet wird.

Manch einer gründet eine Existenz, indem er Kindern Klavierunterricht gibt, ein anderer, indem er Senfspezialitäten produziert und vermarktet, und ein Dritter, indem er ein biotechnisches Verfahren zur Arzneimittelherstellung zur Serienreife bringt. Dass diese drei Existenzgründer über gemeinsame Eigenschaften verfügen, die sie von einem angestellt arbeitenden Menschen eindeutig unterscheiden, ist allerdings schwer zu glauben.

WISO rät

Wenn Sie den Schritt in die Selbstständigkeit wagen wollen, sollten Sie sich vorher überlegen, ob Sie über die Eigenschaften verfügen, die speziell für das Aufgabenfeld, in dem Sie sich betätigen wollen, notwendig sind. Um etwas mehr über sich selbst zu erfahren, kann also ein Test durchaus hilfreich sein. Davon sollten Sie sich jedoch weder verwirren noch von Ihren Plänen abhalten lassen.

Die meisten Tests beruhen darauf, dass sie entweder die Persönlichkeit analysieren, dass sie die Lebensmotive erforschen oder die vorhandenen Talente ermitteln. Das so genannte Big-Five-Persönlichkeitsmodell wurde von verschiedenen Forschern seit 1936 erarbeitet, bis es Anfang der 80er Jahre zur Reife kam. Es geht davon aus, dass sich jeder Mensch anhand von fünf verschiedenen Persönlichkeitsmerkmalen beschreiben lässt, die in unterschiedlicher Ausprägung vorhanden sind. Diese fünf Merkmale sind:

- Neurotizismus, mit dem die emotionale Labilität oder Stabilität benannt wird
- Extraversion, die die Zurückhaltung oder Geselligkeit eines Menschen beschreibt
- Offenheit für neue Erfahrungen, die sowohl die Kreativität als auch die Vorstellungskraft einschließt
- Anpassung, die die Verträglichkeit und Nachgiebigkeit beschreibt
- Gewissenhaftigkeit, die das Spektrum zwischen Spontaneität und strenger Fokussierung umreißt

Manche Forscher haben diese fünf Persönlichkeitsdimensionen auf drei reduziert, andere auf sieben oder acht erweitert. Wichtig ist bei dem Big-Five-Modell, immer zu berücksichtigen, dass es sich hierbei ausschließlich um die Persönlichkeit dreht.

Andere Psychologen befassen sich mit den Lebensmotiven, die beschreiben, was uns wirklich antreibt. Das hat nur bedingt etwas mit der Persönlichkeit zu tun, auch wenn man die Lebensmotive als Teil der Persönlichkeit erlebt. Der amerikanische Psychologe Steven Reiss hat zum Beispiel 16 verschiedene Lebensmotive definiert, die die Menschen dazu bewegen, das zu tun, was sie tun, und es so zu tun, wie sie es machen. Diese 16 Lebensmotive sind:

- Macht
- Unabhängigkeit
- Neugier
- Anerkennung
- Ordnung
- Sparen
- Ehre
- Idealismus
- Beziehungen
- Familie
- Status
- Rache
- Eros
- Essen
- Körperliche Aktivität
- Ruhe

Je nach Ausprägung dieser Motive beim einzelnen Menschen wird er sich selbst und andere in einer ganz bestimmten Art und Weise wahrnehmen.

Das bekannte Gallup-Institut hat einen empirischen Ansatz gewählt, indem es in rund 80 000 Interviews insgesamt 34 Talent-Leitmotive ermittelte. Das Gallup-Institut geht davon aus, dass jeder Mensch über ein ganz bestimmtes Potenzial von Stärken verfügt und dass er am erfolgreichsten ist, wenn er die Gelegenheit hat, das zu tun, was er am besten kann. Ein Talent ist dabei jedes nachhaltige Denk-, Gefühls- oder Verhaltensmuster, das produktiv eingesetzt werden kann.

Für jeden Existenzgründer dürfte es natürlich interessant sein, etwas über seine eigene Persönlichkeit und seine Motive zu erfahren, aber am wichtigsten wird es für ihn sicherlich sein, seine besonderen Talente zu kennen. Manche der Talente beziehen sich auf die Person, andere auf eine Kategorie oder auf eine Eigenschaft. Dabei unterscheiden sich die Talente zunächst einmal nach *motivationalen* Talenten, *kognitiven* Talenten und *Beziehungstalenten.*

Zu den motivationalen Talenten gehören alle Eigenschaften, die in zielgerichtete Aktivitäten münden, also zum Beispiel Leistungsorientierung. Ein stark leistungsorientierter Mensch hat ständig das Bedürfnis, etwas zu erreichen. Zeit, in der er nichts geleistet hat, ist für ihn verloren. Und wenn er ein Ziel erreicht hat, sucht er schon bald nach dem nächsten. Der leistungsorientierte Mensch verfügt nach den Ergebnissen von Gallup über ein starkes Durchhaltevermögen, kann sich gut in neue Aufgaben einarbeiten und legt ein hohes Arbeitstempo vor. Allerdings ist er ständig unzufrieden und kann schlecht zur Ruhe kommen.

Die kognitiven Talente betreffen die Wahrnehmung und das Erkennen von Sachverhalten und Prozessen. Sie können allerdings von höchst unterschiedlicher Natur sein. So gehört beispielsweise das Lösen von Problemen dazu. Egal, wie groß oder klein ein Fehler ist, der Problemlöser liebt es, die alte oder die richtige Ordnung wiederherzustellen. Nur wenn er das Problem gelöst hat, fühlt er sich wohl. Unvorhergesehene Ereignisse, Schwierigkeiten und Fehler begeistern ihn. Wenn etwas nicht funktioniert, repariert er es, egal, ob es sich um eine Maschine oder um ein Lebewesen handelt.

Aber auch die Fähigkeit, sich auf Ziele auszurichten, ist ein kognitives Talent. Menschen mit dem Talent zur Fokussierung entwickeln klar umrissene Ziele und verfolgen diese ohne unnötige Umwege. Von den Zielen leiten sie alle anderen Prioritäten und Maßnahmen ab. Sie unterscheiden ganz klar zwischen wichtig und unwichtig, zielführend oder nicht zielführend und sind dabei in der Lage, bei Bedarf die Ziele neu zu definieren oder auch andere Wege einzuschlagen. Fokussierte Menschen sind auch fähig, andere auf Kurs zu halten.

Am einfachsten ist es wahrscheinlich, bei einem Menschen Beziehungstalente zu entdecken, weil sie sich am schnellsten offenbaren. Aber auch hier differenziert das Gallup-Institut sehr genau: So werden Menschen mit Einfühlungsvermögen anders beschrieben als solche mit dem Talent zur Einzelwahrnehmung. Menschen mit Einfühlungsvermögen haben die Fähigkeit, sich in die Gefühle anderer hineinzuversetzen und deren Denkweise zu verstehen. Das heißt aber nicht, dass sie sich deren Einstellung zu Eigen machen. Mit Einfühlungsvermögen kann man aber anderen Menschen helfen herauszufinden, was sie tatsächlich denken und fühlen.

Menschen mit dem Talent der Einzelwahrnehmung haben eine besonders gute Beobachtungsgabe. Sie sind in der Lage, die verschiedenen Mitmenschen stark differenziert wahrzunehmen und ihre besonderen Eigenschaften zu erkennen. Sie sehen die Einzigartigkeit jedes einzelnen Menschen, seine besonderen Fähigkeiten und die Notwendigkeit, ihn entsprechend seiner ganz speziellen Persönlichkeit auch zu behandeln.

WISO-Buchtipp

Marcus Buckingham/Donald O. Clifton: *Entdecken Sie Ihre Stärken jetzt! Das Gallup-Prinzip für individuelle Entwicklung und erfolgreiche Führung,* Campus Verlag 2002. Das Buch beschreibt nicht nur die verschiedenen Talent-Leitmotive und die Wege, seine eigenen Stärken zu entdecken, sondern bietet auch eine persönliche Zugangsnummer für einen Test im Internet, mit dem man sein eigenes Stärken-Profil erstellen lassen kann.

Zu den Lebensmotiven ist das Buch Helmut Fuchs/Andreas Huber: *Die 16 Lebensmotive*, dtv 2002, sehr zu empfehlen.

Es reicht aber nicht aus, nur seine eigenen Talente zu erkennen, sondern man muss auch das Wissen erwerben, die eigenen Talente zu entfalten, und man muss ein Können entwickeln, für das andere bereit sind zu bezahlen. Finden Sie also heraus, welche Talente und Fähigkeiten Sie haben – und welche nicht. Und finden Sie heraus, welche Sie brauchen, um den speziellen Anforderungen Ihrer Wunschtätigkeit zu entsprechen.

WISO rät

Welches Ihre Stärken sind, erkennen Sie leicht daran, dass Sie eine bestimmte Aufgabe besonders gern erledigen. Als Selbstständiger sollten Sie sich so weit wie möglich auf solche Stärken konzentrieren und nicht darauf, Ihre tatsächlich vorhandenen oder vermeintlichen Schwächen zu beseitigen. Das bedeutet jedoch nicht, dass Sie Ihre Schwächen als gegeben und unveränderbar hinnehmen sollten. Finden Sie heraus, was die Ursachen der Schwächen sind. Sind es Defizite im Wissen, in Kenntnissen oder in bestimmten Fertigkeiten, die Sie durch Lernen beseitigen können? Beruhen die Schwächen auf schlechten Angewohnheiten? Oder mangelt es Ihnen hier tatsächlich an einem bestimmten Talent? Jeder Existenzgründer braucht eine andere Mischung von Eigenschaften, um erfolgreich zu sein.

Eine Existenz zu gründen heißt sich zu verändern

Niemand wird als Unternehmer geboren, und es sind nur wenige, die schon als Kind oder Jugendlicher den Drang verspürt haben, sich beruflich selbstständig zu machen. Vielleicht hatte der eine oder andere aufgrund seiner Talente einen Berufswunsch, der sich in der Regel nur als Freiberufler oder Selbstständiger in die Praxis umsetzen lässt, wie zum Beispiel Buchautor oder Schauspieler. Die meisten anderen Berufswünsche lassen sich jedoch sowohl als Selbstständiger als auch als Angestellter verwirklichen – wie zum Beispiel Kaufmann, Journalist oder Unternehmensberater.

Die Entscheidung, ob man zum Beispiel Lehrer sein möchte oder sich lieber mit einem Wein- oder Teeladen selbstständig macht, wird meist erst in späteren Jahren getroffen. Eine solche Entscheidung bedeutet auch immer Veränderung, und genau davor schrecken viele zurück. Diese Veränderung ist aber notwendig, denn das Leben als Selbstständiger ist in der Regel ganz anders als das eines Angestellten. Die Psychologin Ursula Staudinger von der International University Bremen sagt: »Wir müssen uns entwickeln lernen, wie wir schreiben und lesen lernen.«

Die Wissenschaft hat sechs Schritte identifiziert, in denen ein Veränderungsprozess abläuft: Absichtslosigkeit, Absichtsbildung, Vorbereitung, Handlung, Aufrechterhaltung und Zielankunft. Diese sechs Schritte gelten auch für den Weg in die Selbstständigkeit.

1. Absichtslosigkeit Zu diesem Zeitpunkt haben die Menschen überhaupt noch nicht die Absicht, sich innerhalb eines überschaubaren Zeitraums zu verändern. Mögliche Probleme, die eine Veränderung notwendig machen, werden geleugnet. Noch geht es der Firma, bei der man beschäftigt ist, gut; die Wirtschaftslage ist zu schwierig, um sich selbstständig zu machen; arbeitslos werden nur die anderen; und alle sagen, man soll doch zufrieden sein mit dem, was man hat und was man ist.

2. Absichtsbildung Das Problem, das »man hat«, wird allmählich deutlicher. Man erkennt, dass man beruflich in einer Sackgasse steckt oder dass die Branche nicht das bieten wird, was man sich noch einige Jahre zuvor versprochen hat. Man ist unzufrieden mit den Aufgaben im Beruf und vielleicht auch unzufrieden mit dem Gehalt, das man erhält. Aber man hat Angst vor der Anstrengung, die mit einer Veränderung verbunden ist. Man ist noch nicht bereit, eine konkrete Verpflichtung einzugehen, denkt aber bereits darüber nach, wie es wäre, wenn man sich selbstständig machte.

3. Vorbereitung Der potenzielle Existenzgründer äußert die Absicht, innerhalb eines konkreten Zeitraums etwas zu unternehmen. Er beginnt Pläne zu machen, Informationen einzuholen und Finanzierungsmöglichkeiten zu prüfen.

4. Handlung Man hat den Schritt in die Selbstständigkeit getan und stellt fest, dass vieles zwar so ist, wie man es sich erhofft hat, dass aber auch Probleme auftauchen, mit denen man nicht gerechnet hat. Innerhalb des ersten halben Jahres liebäugelt der neue Selbstständige immer noch mit der Möglichkeit, in seinen alten Beruf oder seine frühere Tätigkeit zurückkehren zu können, wenn es wirklich hart auf hart kommt. Dies ist eine äußerst kritische Zeit, in der man entweder durchhält oder aufgibt.

5. Aufrechterhaltung Die ersten sechs Monate sind überstanden. Aber man erlebt die Veränderung immer noch nicht als Normalität, sondern als einen neuen Zustand. Dieses Gefühl kann bis zu fünf Jahre anhalten, doch allmählich werden die neuen Aufgaben und Verhaltensweisen durch neu hinzugewonnene Fähigkeiten zur Routine.

6. Zielankunft Die früheren Probleme sind vergessen und die neue Identität als Selbstständiger ist ein Teil der eigenen Persönlichkeit geworden. Man sieht die Welt mit anderen Augen, hat andere Werte und auch ein anderes Auftreten als noch Jahre zuvor. Das bedeutet jedoch nicht, dass keine erneuten Veränderungen bevorstehen könnten, die noch einmal mit Schritt 1 beginnen würden: Selbstständige sind viel stärker dem Wandel in Wirtschaft und Gesellschaft unterworfen als die meisten fest angestellten Arbeitnehmer.

Auch wenn oben gesagt wurde, dass jeder Existenzgründer eine andere Mischung von Eigenschaften braucht, um erfolgreich zu sein, so gibt es doch einige Grundvoraussetzungen, die jeder mitbringen muss und ohne die es auf Dauer nicht geht.

Da ist zunächst einmal die positive Einstellung zu den Aufgaben, die man gewählt hat. Viele Existenzgründer lassen sich tatsächlich immer noch von Äußerlichkeiten faszinieren, die mit dem Schritt in die Selbstständigkeit verbunden sind – sei es nun die Boutique, die man eröffnet hat, das eigene Büro und der eigene Name, der an der Tür steht, oder auch nur die eigene Visitenkarte, die ein ganz tolles Gefühl vermittelt. Meist verfliegen diese Gefühle aber schon nach wenigen Tagen oder Wochen, wenn der Alltag Einzug gehalten hat.

Gleiches gilt für die Existenzgründer, die sich ihre Tätigkeit ausschließlich unter finanziellen Gesichtspunkten gewählt haben. Sicher sind die Verdienstmöglichkeiten als Finanzberater, der anderen Leuten Geldanlagen, Lebensversicherungen oder Bausparverträge verkauft, prinzipiell nicht schlecht. Aber was nützt das, wenn man nicht mit ganzem Herzen dabei ist?

Viele Leute träumen davon, ein eigenes Restaurant, ein Bistro oder auch nur ein Café zu besitzen. Aber sie sehen sich in diesen Träumen entweder selbst als Gast oder als Patron, der hinter dem Tresen steht und lächelnd seine Stammgäste begrüßt. Sie sehen sich nicht als Servierkraft und als Dienstleister, der sich auch mit unbequemen Gästen oder schwer erfüllbaren Wünschen auseinander zu setzen hat.

Weder Verdienstmöglichkeiten noch Statussymbole ersetzen die innere Motivation, etwas ganz Bestimmtes zu tun und zu leisten. Und das nicht nur einmal, sondern jeden Tag aufs Neue. Diese Motivation, die von innen kommen muss, ist einer der entscheidenden Faktoren bei der Existenzgründung. Wer sich zur Selbstständigkeit entschließt, weil er Aussicht hat, Fördermittel zu bekommen, wird spätestens mit Auslaufen der Förderfrist scheitern, wenn es an der inneren Motivation fehlt.

Ein weiterer Punkt, der alle Existenzgründer verbinden sollte, ist eine gehörige Portion Selbstvertrauen – nicht zu verwechseln mit Selbstüberschätzung. Bei manchen ist das Selbstvertrauen angeboren und gehört zu ihren wichtigsten Talenten, andere müssen sich dieses Selbstvertrauen erst antrainieren. Sie müssen nicht nur selbst von ihren Fähigkeiten überzeugt sein, sondern auch andere davon überzeugen können. Erst diese Rückkoppelung, die Akzeptanz durch andere, lässt das Selbstvertrauen wachsen.

Am leichtesten geht es, wenn man seinen Beruf wirklich beherrscht. Nichts gibt größeres Selbstvertrauen als das Wissen um die eigene Kompetenz. Warum ist Selbstvertrauen so besonders wichtig? Es hilft, all die vielen kleinen und auch großen negativen Erlebnisse zu verkraften, mit denen man während seiner Selbstständigkeit konfrontiert wird. Wer zum Beispiel als Filmemacher oder als Autor, aber auch als Erfinder, als Gartenbauer oder als Grafiker seinen Kunden und Auftraggebern eine bestimmte Idee verkaufen möchte, wird feststellen müssen, dass die Zahl derjenigen, die mit dieser Idee nicht einverstanden sind, die sie nicht gut finden, sie ablehnen, verwerfen oder bis zur Unkenntlichkeit verstümmeln, in der Überzahl ist. Das hat nichts mit der Fähigkeit zu tun, die Idee mit Begeisterung vorzustellen und zu vertreten. Auch die größte Begeisterung wird an finanziellen Grenzen scheitern, die der Auftraggeber oder Kunde setzt, oder an seinem Geschmack oder an den Ideen, die er selbst hat. Über diese Hürden hilft nur Selbstvertrauen hinweg.

Wenn man auch noch in der Lage ist, in dem, was man tut, einen Sinn zu erkennen, wird man sein Selbstvertrauen noch zusätzlich stärken können. Deshalb ist es ganz wichtig, auch die Sinnfrage im Zusammenhang mit der Existenzgründung positiv zu beantworten. Ein Produkt herzustellen, das für einen selbst keinen Sinn macht, eine Dienstleistung zu erbringen, die man selbst für unsinnig hält, selbst wenn man damit gut

Geld verdienen kann oder zumindest könnte, ist für den zukünftigen Geschäftserfolg tödlich.

Der Mut zum kalkulierten Risiko ist ebenfalls eine unabdingbare Eigenschaft für Existenzgründer. Mit einer Beamtenmentalität wird man als Selbstständiger niemals erfolgreich sein. Heute muss jeder Selbstständige weitaus mehr als in der Vergangenheit damit rechnen, mit unerwarteten Entwicklungen konfrontiert zu werden. Nicht nur die Startphase ist mit Risiken behaftet, auch die dauernde Selbstständigkeit an sich. Um diese Risiken bewältigen zu können, braucht man Wissen, Lerneifer und die Bereitschaft, sich zu verändern und Neues zu akzeptieren. Es muss der Wille da sein, mit den kalkulierbaren, aber auch mit unkalkulierbaren und unvorhersehbaren Risiken zu leben. Nur aus diesem Willen heraus entspringt die Kraft, mit den Problemen fertig zu werden.

Zusammengefasst gibt es für Existenzgründer also folgende Grundvoraussetzungen:

- die innere Motivation, etwas ganz Bestimmtes zu tun und zu leisten
- eine positive Einstellung zu den gewählten Aufgaben
- eine gehörige Portion Selbstvertrauen
- einen Sinn in der Tätigkeit sehen
- Mut zum kalkulierten Risiko
- Wissen und die Bereitschaft zu lernen, sich zu verändern und Neues zu akzeptieren

Gerade bei den persönlichen Talenten und Fähigkeiten kann es schwierig sein, sich selbst einzuschätzen. Versuchen Sie möglichst objektiv zu sein, und bitten Sie darüber hinaus gute Freunde, Sie zu beurteilen. Vielleicht sieht man Sie von außen ganz anders, als Sie sich selbst bewerten. Solch eine externe Beurteilung kann für Ihre selbstständige Tätigkeit äußerst nützlich sein.

Am besten erstellen Sie anhand der folgenden Übersicht ein Profil Ihrer persönlichen Fähigkeiten. Lassen Sie auch von anderen Menschen die Übersicht ausfüllen, um Unterschiede zwischen Selbst- und Fremdwahrnehmung aufzudecken.

Checkliste: Wie stark sind Ihre persönlichen Fähigkeiten als Existenzgründer ausgeprägt?

Fähigkeit	Ausprägung stark	Ausprägung mittel	Ausprägung schwach
Selbstvertrauen			
Fähigkeit zur Selbstmotivation			
Fähigkeit zur Selbstkritik			
Mut, Risikobereitschaft			
Ausdauer			
Arbeitswille			
Offenheit für Neues, Innovationsfähigkeit			
Leistungsorientierung			
Entscheidungsfreudigkeit			
Bereitschaft, Pflichten zu erfüllen			
Fähigkeit, Frustrationen zu ertragen			
Zielstrebigkeit, Ergebnisorientierung			
Konzentrationsfähigkeit			
Fähigkeit, Wichtiges von Unwichtigem zu unterscheiden			
Lernbereitschaft			
Flexibilität, Anpassungsfähigkeit			
Organisationsfähigkeit			
Kontaktfreudigkeit und -fähigkeit			
Teamfähigkeit			

Fähigkeit, Mitarbeiter zu motivieren und zu führen

Konfliktfähigkeit

Durchsetzungskraft

Einfühlungsvermögen

Belastbarkeit, Gelassenheit in Stresssituationen

Reflexionsfähigkeit

Umsetzungsstärke

Sicheres und sympathisches Auftreten

Vertrauenswürdigkeit

Was können Sie wirklich? – Analyse der fachlichen und unternehmerischen Qualifikation

Ein erfolgreicher Start in die Selbstständigkeit setzt in der Regel umfassende fachliche Qualifikationen voraus. Die Grundlagen dafür werden durch verschiedene Ausbildungen vermittelt. Eine abgeschlossene Ausbildung allein bedeutet aber noch nicht – oder nur in seltenen Fällen –, dass man dann auch schon alles kann, was man können muss. Häufig steht eine abgeschlossene Ausbildung erst am Beginn eines weiteren Lernprozesses, des Learning by Doing in der Praxis. Das bekommen viele Hochschulabsolventen zu spüren, die zwar theoretisch brillant sind, aber dann an vermeintlich einfachen, praktischen Dingen scheitern.

Für zahlreiche Berufe, seien sie aus dem handwerklichen, akademischen oder kaufmännischen Bereich, wird die Qualifikation im Interesse der Allgemeinheit durch Prüfungen und Zulassungen ermittelt und bestätigt. Aber selbst das bezieht sich stets nur auf die zu erfüllenden Mindestanforderungen. Wer als Existenzgründer erfolgreich bleiben will, muss nicht nur schneller und flexibler sein als die Wettbewerber, sondern auch generell besser.

Dieses Bessersein hat von Beruf zu Beruf und selbst innerhalb bestimmter Berufsgruppen sehr unterschiedliche Facetten. Der eine Koch ist ein wahrer Meister darin, Feinschmecker immer wieder mit neuen Kreationen zu überraschen, während ein anderer Koch seine besonderen Fähigkeiten darin hat, im Rahmen der Fernverpflegung wohlschmeckende Gerichte in tausendfacher Ausfertigung zu produzieren, zu konservieren und dann auch noch pünktlich an Kantinen zu liefern.

Befragt man die Könner eines Fachs nach den Grundlagen ihres Erfolgs, so werden sie in der Regel immer wieder auf ihre Erfahrungen verweisen. Was diese Erfahrungen tatsächlich sind, lässt sich kaum fassen. Sie sehen, hören, fühlen oder schmecken Dinge und Eigenschaften, die anderen verborgen bleiben.

Hier unterscheidet man zwischen explizitem Wissen, das sich auf einfache Weise mit anderen teilen lässt, und implizitem Wissen, das persönlicher Natur ist und sich häufig nur in Form von Analogien, Metaphern oder Beispielen vermitteln lässt. Wann und wie sich diese Erfahrungen einstellen, hängt nicht nur von der Branche und der Zeit ab, die man investiert, sondern immer wieder auch von den persönlichen Talenten.

Häufig wird in der Theorie zwischen fachlichen Qualifikationen einerseits und unternehmerischem und kaufmännischem Wissen und Kenntnissen andererseits unterschieden. Zwar mögen Themen wie Finanzierung, Buchhaltung oder Steuern, die jeder Existenzgründer nicht nur kennen, sondern auch zumindest in den Grundlagen beherrschen sollte, branchenunabhängig sein. Aber schon die Frage nach der Lagerhaltung von Rohwaren, nach der Preispolitik und nach dem Marketing erfordern spezielle fachliche Kenntnisse. Insofern fließen Kaufmännisches, Unternehmerisches und Fachliches in der Praxis doch immer wieder zusammen.

Und nicht immer sind Defizite in einem Bereich durch Spitzenleistungen im anderen auszugleichen. Es hilft einem Existenzgründer nicht, wenn er über noch so gute Fachkenntnisse und persönliche Fähigkeiten verfügt, aber keine Ahnung von Kostenrechnung, Buchhaltung und steuerlichen Angelegenheiten hat.

WISO rät

Auch wenn Sie einen Steuerberater und vielleicht später einen kaufmännischen Mitarbeiter beschäftigen, sollten Sie sich unbedingt in die Regeln der kaufmännischen Planung und Kontrolle einarbeiten.

Örtliche Industrie- und Handelskammern oder Handwerkskammern bieten dazu Existenzgründungsseminare an, die das nötige Grundwissen vermitteln. Es ist auch gar nicht so selten, dass viele Existenzgründer versuchen, durch einen geeigneten Partner die eigenen Defizite auszugleichen.

Nur äußerst selten gelingt es, ohne Vorkenntnisse allein mit einer Idee – und sei sie auch noch so genial – eine erfolgreiche Existenz zu gründen. Ein schon häufiger beschriebenes Beispiel für die erfolgreiche Existenzgründung aus einer puren Idee heraus ist der »SenfSalon« von Merit Schambach in Berlin. Die Architekturfotografin stieg in eine Branche ein, bei der ihre ursprüngliche Ausbildung kaum hilfreich sein konnte. Neue Senfsorten zu erfinden und zu vermarkten hat wenig mit Fotografie zu tun, aber viel mit Kreativität, Fantasie, Organisationstalent und kaufmännischem Geschick. All das hatte Merit Schambach aber schon trainiert, bevor sie sich selbstständig machte. Wer glaubt, diese Idee kopieren zu können, ohne jemals vorher in einer Küche gestanden zu haben, und dazu noch von der Überzeugung getragen wird, dass Essen eigentlich nur satt machen soll, dürfte mit so einer Idee scheitern, auch wenn ihn der Erfolg des SenfSalons vielleicht reizt.

Anhand folgender Checkliste können Sie Ihr persönliches Profil hinsichtlich Ihrer fachlichen und kaufmännischen Kenntnisse erstellen.

Checkliste: Wie gut ist Ihr fachliches und kaufmännisches Know-how?

Kenntnis	Ausprägung		
	stark	mittel	schwach
Markt, Marktentwicklung			
Wettbewerbssituation			
Marktanteile			
Kundenwünsche			
Kundenverhalten			
Standortbedingungen			
Preisgestaltung			
Rabattgewährung			

Handelsspanne			
Kosten- und Gewinnkennzahlen			
Vertriebsarten			
Personalsituation, Lohnhöhe, Tarifverträge			
Finanzierungsplanung			
Kapitalbeschaffung			
Beschaffungsplanung			
Lagerhaltung			
Leistungserstellung			
Absatzplanung			
Marketing und Werbung			
Personalplanung			
Mitarbeiterführung			
Rechnungswesen, Buchführung			
Controlling			
Zahlungsverkehr			
Steuern			
Versicherungen			
Rechtliche Grundlagen			

Erstellen Sie dann auf dieselbe Weise ein Anforderungsprofil für Ihre Wunschtätigkeit, sowohl für die persönlichen Fähigkeiten als auch für das notwendige fachliche und kaufmännische Know-how. Beim jeweiligen Vergleich Ihres persönlichen Profils mit dem Anforderungsprofil können Sie feststellen, wo Defizite vorhanden sind. Klären Sie dann, wie diese behoben werden können.

Das Spektrum der Selbstständigkeit

Hinter dem Begriff der Selbstständigkeit verbergen sich höchst unterschiedliche Arten der Arbeit. Wer sich für die Selbstständigkeit entscheidet, sollte sich dessen bewusst sein, dass sich diese Entscheidung nicht nur darauf bezieht, was er arbeitet, sondern auch wie er arbeitet. In diesem Kapitel werden deshalb die Arten der Selbstständigkeit vorgestellt sowie die verschiedenen Faktoren, die dabei eine Rolle spielen.

Kapitalvermögen nutzen

Immer mehr Deutsche gründen ihre Existenz auf der Basis des eigenen Vermögens, das sie erworben haben. Dieses Vermögen kann durch eigene Arbeit, Gewinnbeteiligungen, Abfindungen oder auch geschickte Börsengeschäfte erworben worden sein. Der häufigste Weg zu schnellem Reichtum ist jedoch die Erbschaft. Zwischen 2000 und 2005 lag das geerbte Vermögen bei über 700 Milliarden Euro, davon 362 Milliarden Euro Geldvermögen und 377 Milliarden Euro Immobilienvermögen. Pro Jahr! Bis zum Jahr 2010 werden 544 000 Deutsche ein Geldvermögen von über 150 000 Euro pro Kopf erben.

Die Anlage und Verwaltung dieser Vermögen kann man natürlich Banken und Vermögensberatern überlassen. Viele Menschen entscheiden sich jedoch dafür, die Vermehrung des Geldes in die eigenen Hände zu nehmen – und machen sich so selbstständig. Entweder werden sie hauptberuflich Verwalter der eigenen Immobilien, oder sie beteiligen sich auf die unterschiedlichste Weise an Unternehmen, kontrollieren oder führen diese sogar. Und einige wenige versuchen ihr Glück als hauptberufliche Day-Trader, um unter Ausnutzung kurzfristiger Kursschwankungen beim Handel mit Aktien und Derivaten Gewinne zu erzielen.

Einsatz der eigenen Arbeitskraft und des eigenen Know-hows

Der einzige deutsche Begriff, der diese Art des Arbeitens einigermaßen brauchbar, wenn auch nicht besonders schön beschreibt, ist der des »Selbstangestellten«. Im englischen Sprachraum verwendet man Begriffe wie »Self-employed« oder »Freelancer«.

Im Grunde genommen geht es darum, dass Selbstständige nichts anderes tun, als sich selbst auszubeuten. Das klingt hässlich, entspricht aber der Realität. Denn die Selbstangestellten sind Chef und Arbeiter in einem, und sie haben im ungünstigsten Falle nichts anderes zu verkaufen als ihre Arbeitskraft. Sie haben einen ähnlichen Status wie die Heimarbeiter in der vorindustriellen Gesellschaft, allerdings mit dem Unterschied, dass sie über eine soziale Absicherung verfügen, wenn auch nur auf niedrigem Niveau. Aber es gibt keine Tarifverträge, die Arbeitszeit, Lohn und Urlaub regeln, und im Krankheitsfall liegt die Firma in der Regel still und erwirtschaftet somit auch keine Einnahmen.

Diese Einzelkämpfer findet man natürlich auch unter den Freiberuflern, obgleich sich der Freiberufler vom Selbstangestellten noch dadurch unterscheidet, dass er nicht nur seine Arbeitskraft, sondern auch sein Know-how verkauft. Und dieses Know-how ist es dann, das ihn für seine Auftraggeber wertvoll macht. Aber viele der heute in die Selbstständigkeit strebenden Arbeitskräfte verfügen nur über ein geringes Spezialwissen, das in seiner Bedeutung deutlich hinter der körperlichen Arbeitsleistung zurücktritt. Man braucht sich bloß die Liste handwerksähnlicher Gewerbe anzuschauen, um eine Vorstellung davon zu bekommen, wer alles zu den Selbstangestellten in diesem Sinne gehören kann: Da gibt es Asphaltierer (ohne Straßenbau), Fahrzeugverwerter, Rohr- und Kanalreiniger und Kabelverleger im Hochbau (ohne Anschlussarbeiten).

Auch diese Tätigkeiten können das schöne Label der Ich-AG bekommen, denn die Ich-AG ist nichts anderes als eine interessante Bezeichnung für Bezieher von Existenzgründungszuschüssen, die aus einem anderen Förderprogramm für Arbeitslose stammen als das Überbrückungsgeld.

Immer mehr Handwerksbetriebe gehen bei bestimmten Projekten zum Beispiel dazu über, statt fest angestellter Gesellen Subunternehmer für Teilaufgaben einzukaufen. Und da diese ja selbstständig sind, müssen sie nicht nur unter hohem Leistungsdruck zum Beispiel auf einer Baustelle arbeiten, sondern »nach Feierabend« auch noch ihre Buchhaltung und kaufmännische Arbeiten erledigen, Rechnungen schreiben, Formulare ausfüllen und neue Aufträge akquirieren.

Je mehr die Selbstangestellten aber zu Wissensarbeitern werden, umso besser ist ihre Situation. In manchen Bereichen der Informationstechnologie kann es durchaus interessanter sein, selbstangestellt zu arbeiten anstatt in einem abhängigen Beschäftigtenverhältnis. Man hat dann all das, was man gemeinhin mit der Selbstständigkeit verbindet: Unabhängigkeit vom Chef, eigene Zeit- und Arbeitseinteilung und mehr Geld.

Viele dieser Wissensarbeiter möchten gar keine Mitarbeiter einstellen oder haben sich sogar wieder von ihren Mitarbeitern getrennt, weil sie sich lieber auf fachliche Probleme konzentrieren und nicht auf Probleme der Mitarbeiterführung und der Unternehmensadministration. Wer darin seine Stärke sieht, ist vielleicht in anderen Bereichen der Selbstständigkeit besser untergebracht.

Organisation und Verkauf des Know-hows und der Arbeitskraft von Mitarbeitern

Bei dieser Art der Selbstständigkeit handelt es sich um das, was man klassisch als Unternehmer bezeichnet. Der Selbstständige hat hier die oberste Managementfunktion in einem Dienstleistungs- oder auch Handwerksbetrieb. Seine Hauptaufgaben liegen in der Akquisition von Kunden, in der Führung der Mitarbeiter und im kaufmännischen Bereich. Das bedeutet natürlich nicht, dass er auf fachliches Know-how verzichten kann. Doch in der Praxis zeigt sich immer wieder, dass dem Unternehmer neben den Managementaufgaben kaum noch Zeit für Arbeit in oder an Projekten verbleibt. Wenn jemand leidenschaftlicher Manager ist, bereitet ihm das keine Probleme. Ist er aber eher ein Fachmann, der nur durch immer neue, bessere und größere Aufträge in die Rolle eines Unternehmers gedrängt wurde, und waren für ihn Akquisition, Mitarbeiter- und Betriebsführung eher Nebensachen, so kann es sein, dass er sich in dieser Rolle unwohl fühlt. Viele Freiberufler und qualifizierte Selbstangestellte, die sich in Führungspositionen bei Unternehmen nicht wohl fühlten und deshalb zu »Einzelkämpfern« wurden, finden sich dann auf einmal in der gleichen Rolle wie in einem Großunternehmen wieder, nur dass sie hier mehr Verantwortung und mehr Risiken tragen müssen.

Eine stabile Situation mit langfristiger Auslastung gibt es heute weder in großen, mittleren noch in kleinen Unternehmen. Ein Unternehmen steht ständig auf der Kippe, entweder es wächst oder es schrumpft. Also entscheiden sich die meisten Unternehmer lieber dafür, den Wachstumskurs einzuschlagen, also mehr Aufträge hereinzuholen, als mit dem jeweiligen Beschäftigtenstand normalerweise zu schaffen ist.

Aber dieses Prinzip funktioniert für alle nur so lange, wie die gesamte Wirtschaft wächst. Ist die Wirtschaftslage schwach, kann man nur auf Kosten von Wettbewerbern wachsen. Und das bedeutet, dass der Selbstständige nach außen preis- und akquisitionsaggressiv und nach innen kostenaggressiv vorgehen muss. Natürlich gibt es immer wieder Ausnahmen, doch diese Inseln der Seligen werden weniger. Viele, die idealistisch in die Selbstständigkeit gestartet sind, finden sich dann plötzlich in der Rolle ihrer früheren Chefs wieder, die der Grund dafür gewesen sind, weshalb sie vorher das Angestelltendasein verlassen hatten.

Realisierung neuer Ideen

Viele Existenzgründer sind Erfinder. Dabei ist das Spektrum extrem breit: Manche konnten eine Existenz schon dadurch begründen, dass sie neue Brettspiele erfanden, andere nutzten ihre Chancen bei Computerspielen. Der größte Anteil der Erfindungen wird jedoch im Bereich technischer und naturwissenschaftlicher Produkte und Verfahren gemacht.

Das Deutsche Patent- und Markenamt (DPMA) verzeichnete im Jahr 2004 etwa 48 000 Patentanmeldungen, das waren 1 000 mehr als im entsprechenden Vorjahreszeitraum. Beim »kleinen Patent«, dem Gebrauchsmuster, nennt das DPMA rund 20 000 Anmeldungen. Auch die Zahl der Markenanmeldungen ist mit 62 000 Anmeldungen für das Gesamtjahr 2004 deutlich gestiegen – das macht ein Plus von 8 Prozent im Vergleich zum Vorjahr. Immer öfter kommen die Erfinder direkt von der Universität und wollen die während ihrer wissenschaftlichen Tätigkeit entstandenen Ideen realisieren. Dazu benötigen sie allerdings ein relativ hohes Startkapital, was beim Erfinder selbst meist nicht vorhanden ist. Technologie- und Gründerzentren, die sich häufig im Umfeld von Universitäten und Hochschulen angesiedelt haben, leisten entsprechende Hilfestellung, wenn es um die Suche nach Kooperations- und Investitionspartnern geht.

Allerdings ist die Bereitschaft der Studenten, sich selbstständig zu machen, nicht besonders hoch. Eine Befragung von 5 000 Studenten aus Deutschland und der Schweiz hat ergeben, dass nur 6 Prozent sich vorstellen können, direkt nach dem Examen ein eigenes Unternehmen aufzubauen. Vor allem Ingenieure und Naturwissenschaftler wollen lieber an der Universität bleiben, um zu promovieren, oder zu etablierten Unternehmen gehen.

»Erfinder als Beruf ist ein hartes Geschäft«, sagt Bruno Gruber, gelernter Elektroniker und selbstständiger Erfinder mit mehr als 60 angemeldeten Patenten. »Die Idee selbst ist nicht das Problem. Das Problem ist die Verwirklichung. Man muss Modelle bauen und man muss etwas bauen, was sicher ist.

Es muss vor allem besser sein als das, was bisher schon auf dem Markt war. Das größte Problem für den Tüftler ist schließlich, dass er sich selbst vermarkten muss. Man muss sich und seine Idee bekannt machen, auf Erfindermessen gehen und dafür sorgen, dass Artikel in Fachzeitschriften erscheinen.«

Beispiel

Eine der eindrucksvollsten Erfinder- und Gründerkarrieren ist die von Artur Fischer. Er machte 1948 eine kleine Werkstatt auf und tüftelte und erfand ohne Pause. Der Dübel, der Fischer-Dübel, ist sein Werk. Aber er erfand auch *fischertechnik*, das berühmte Konstruktionsspielzeug. Auf diesen Unternehmer-Erfinder gehen 1800 Erfindungen und 3300 Schutzrechte zurück. Heute ist die Fischer-Gruppe, geführt vom Sohn Klaus Fischer, ein Global Player. 3400 Mitarbeiter in 19 Ländern erwirtschaften einen Umsatz von etwa 400 Millionen Euro. Das Unternehmen produziert immer noch Dübel und alles rund um die Befestigungstechnik, aber auch Komponenten für Automobilhersteller in der ganzen Welt. Eine Erfolgsgeschichte!

Aber generell gilt: Selbst wenn man die richtige Idee hat, ist das allein keineswegs eine Erfolgsgarantie. Denn über das Sein oder Nicht-Sein marktfähiger Produkte entscheidet in der Regel die Industrie, die die Erfindung umsetzt. Und bei der Aushandlung der Lizenzgebühren haben die großen Industriefirmen die bessere Verhandlungsposition.

Ein Erfinder sollte die Kosten für die Patentanmeldung nicht unterschätzen, warnt Karl Bauch vom Deutschen Erfinderverband. »Es gibt zwar eine einheitliche Anmeldung, in der die Erfinder einfach die Länder anstreichen, in denen ihre Erfindung geschützt sein soll. Jedoch ist das eine sehr kostspielige Sache: Die Übersetzungsgebühren für eine Patentschrift kosten zwischen 1200 und 2000 Euro pro Land. Zudem zahlen sie so genannte Aufrechterhaltungsgebühren für jedes Land und jedes Jahr. Vielerorts müssen die Tüftler das Patent durch rechtliche Verfahren durchsetzen. Das zermürbt. Da kommen im Laufe von ein paar Jahren schnell Kosten von 50000 Euro zusammen.«

WISO rät

Wenn Sie eine neue Idee haben, sollten Sie nicht lange damit warten, diese auch zu realisieren. Denn besonders in der Anfangsphase lässt sich mit neuen Dienstleistungen und Verfahren schnell und viel

Geld machen. Wenn erst andere auf die Idee gekommen sind, sacken die Preise oft genug in den Keller.

Virtuelle Unternehmen für Produktion, Verkauf und Dienstleistungen

Gerade für Selbstständige bringt die Virtualisierung von Unternehmen die größten Chancen, aber auch die größten Veränderungen in der Art der Arbeit mit sich. Was Virtualisierung genau bedeutet, wie weit sie heute schon besteht und was sich in den kommenden Jahren noch ändern wird, ist den meisten gar nicht bewusst.

Für einen großen Teil der deutschen Bevölkerung ist das Internet schon eine Selbstverständlichkeit, genau so wie Rundfunk oder Fernsehen. Man kauft oder verkauft bei eBay, lädt sich Musik oder Spielfilme aus dem Netz herunter, liest Nachrichten auf den Internetseiten von Zeitungen oder dem ZDF, unterhält sich in Chatrooms, bucht elektronisch eine Reise, sendet und empfängt E-Mails und vieles mehr.

Kaum einer der Benutzer macht sich große Gedanken darüber, was sich jenseits der Bildschirmoberfläche abspielt, welche Art von Unternehmen wie und wo miteinander kooperieren, um das Internetangebot praktisch mit jeder Sekunde weiter wachsen zu lassen. Was dem privaten Nutzer erst recht verborgen bleibt, sind all die Leistungen, die per Internet für und zwischen Unternehmen und anderen Institutionen erbracht werden.

»Virtuell« bezeichnet etwas, das nur dem Anschein nach existiert, das man aber einsetzen und anwenden kann, als existiere es tatsächlich, wie zum Beispiel die virtuelle Speicherkapazität eines Computers, die viel höher zu sein scheint, als sie tatsächlich ist.

Ein Unternehmen muss heute nicht mehr unbedingt physisch existieren, um wirtschaftlich erfolgreich zu sein. Es muss also weder Fabrikhallen oder Büros noch eigene Mitarbeiter oder einen Firmensitz haben – oft ist gerade das Gegenteil dienlich. Ein virtuelles Unternehmen hat den Vorteil, dass es wie ein reales Unternehmen agiert, aber nicht die üblicherweise damit verbundenen hohen Kosten tragen muss. Es ist ein zeitlich begrenztes Netzwerk kreativer Leute oder verschiedener anderer Unternehmen, die über das Internet miteinander verbunden sind, um gemeinsam kommerzielle Produkte herzustellen und die sich schnell verändernden Möglichkeiten auszuschöpfen, bevor es andere tun.

Es gibt keine kostengünstigere und effizientere Organisationsform als die des virtuellen Unternehmens. Denn das virtuelle Unternehmen erfordert die geringsten Fixkosten und ermöglicht gleichzeitig die höchste Effizienz, egal, in welcher Branche das Unternehmen mit anderen konkurriert. Dabei ist das Unternehmen im höchsten Maße flexibel. Per Internet kann es überall präsent sein, ohne ein ausgedehntes Vertriebs- oder Einkaufsnetz aufbauen zu müssen.

Das Unternehmen verwandelt sich dabei in ein Gewebe, in ein Netzwerk aus Menschen, die kommen und gehen und sich vielleicht nur für ein einziges Projekt zusammenschließen und danach wieder neue Aufgaben übernehmen. Diese Menschen sind durch unterschiedliche Verträge und unterschiedliche Beziehungen verbunden. Es entsteht eine Gesellschaft aus vielen kleinen Arbeitszentren, aus kleinen Knotenpunkten, die die verstreuten Kerne des Unternehmens sind. Jeder dieser Knoten ist oder kann zumindest ein Selbstständiger sein. Auf einer breiteren Ebene entsteht damit ein einziges großes Netz, das jeden mit einbezieht, der mit dem Unternehmen auf dem Markt in irgendeiner Weise interagiert. Die Mitarbeiter, die Lieferanten, die Distributoren und die Kunden, sie alle werden Teil des virtuellen Unternehmens.

Virtuelle Arbeitsweisen können einem Unternehmen auf einem sich rasant entwickelnden Markt ein rasches Wachstum bescheren, da das Unternehmen Ressourcen anderer Unternehmen und anderer Selbstständiger, zum Beispiel hoch begabter Designer oder Software-Entwickler, für sich nutzen kann. Solche Ressourcen in einem realen Unternehmen zusammenzuführen, würde viel zu lange dauern und viel zu viel kosten.

Die Probleme, mit denen die traditionelle produktionsorientierte Arbeitswelt nicht mehr fertig wird, werden im virtuellen Unternehmen durch die Vernetzung verschiedener Unternehmensstandorte, durch das Outsourcing technischer Dienstleistungen sowie durch einen vernetzten Informations- und Kommunikationsverbund gelöst, wodurch Material, Zeit und Energie gespart werden.

Der große Vorteil dieser Vernetzung ist die weltweite Verfügbarkeit im Bereich der Informationsübermittlung. Dadurch werden Unternehmensstrukturen zugelassen, die es beispielsweise ermöglichen, dass selbst Menschen, die nicht am Standort des Unternehmens arbeiten, in diversen Arbeitsprozessen produktiv miteinander kooperieren. Allerdings hat das zum Teil ganz handfeste Konsequenzen, denn bei einer weltweiten Kooperation wird niemand mehr zwischen Tages- und Nachtarbeit unterscheiden dürfen.

Die Grundvoraussetzungen für die Arbeitsfähigkeit solcher Organisationen sind auf technischer Seite mit den modernen Kommunikationsmitteln längst gegeben. Textdokumente, Zahlenmaterial, Zeichnungen, Modellskizzen, Bilder und Töne lassen sich an jeden beliebigen Ort der Welt schicken, und das praktisch ohne jeden nennenswerten Zeitverlust. Mehrere Partner können zeitgleich an einem Designentwurf, einer Datenbank oder einem Text arbeiten. Diese Anforderungen lassen sich heute mit jedem Personalcomputer oder Laptop realisieren, die an die weltumspannenden Computernetze angeschlossen sind und über die entsprechende Software und Zusatzgeräte verfügen.

Die Formen der virtuellen unternehmerischen Partnerschaft sind vielfältig. Einige sind fixiert, andere eher locker gestaltet, das heißt, einige Partner werden nur bei konkretem Bedarf aktiv. Einige sind straff strukturiert, andere nicht. Es bedarf jedoch stets einer genauen Absprache darüber, inwieweit und zu welchen Bedingungen die Partner zusammenarbeiten. Für jedes virtuelle Unternehmen ist die Identität, die es besitzt und die es auch nach außen kommuniziert, von besonderer Bedeutung, denn sie gibt sowohl den Mitarbeitern als auch den Kunden, Lieferanten und Konkurrenten Orientierung. Die Identität drückt sich über ein Logo oder ein Symbol, aber auch über eine komplexe Corporate Identity aus, die zur Marke und zum Qualitätsmerkmal wird.

Allumfassend wird der Markt für virtuelle Unternehmen sicherlich niemals werden, denn es wird zum Beispiel immer Güter geben, die ein Kunde lieber persönlich in einem Laden kauft. Der Trend zu einem immer intensiveren Wettbewerb wird dadurch jedoch keinesfalls gebremst werden.

Auch wenn man es jetzt noch nicht so deutlich wahrnimmt: Man wird sehen, dass kleine Unternehmen in der globalen Wirtschaft ebenso erfolgreich sein können wie große. Es kommt nur darauf an, den richtigen Rahmen und die richtigen Kooperationen in einer bestimmten Branche zu finden und dieses virtuelle Unternehmen dann mit den richtigen Strukturen und der richtigen Führung auszustatten. Die Wettbewerbsnachteile, die kleine Unternehmen bisher gegenüber großen Konzernen hatten, können durch solche Kooperationsnetze beseitigt werden.

Besonders in vielen Branchen der Wissensökonomie wird die Kleinheit der Firmen noch weitaus attraktiver werden, als sie es heute schon ist. Und neu gegründete Unternehmen können schnell zu ernst zu nehmenden Konkurrenten für größere und etablierte Unternehmen werden, ohne lästige Masse anhäufen zu müssen. Folglich kommen sie dann auch mit wesentlich geringeren Anfangsinvestitionen aus. Ein einzelnes kleines Unternehmen ist kaum in der Lage, einen größeren, lukrativen Auftrag durchzuführen, deshalb ist ein Zusammenschluss im Rahmen eines virtuellen Unternehmens besonders vorteilhaft. Wenn sich viele kleinere Unternehmen, die sich alle auf verschiedene Bereiche spezialisiert haben, zusammentun, können sie wettbewerbsfähiger sein als ein großes.

Frauen gründen anders als Männer

Rund ein Drittel aller Existenzgründer sind heute Frauen. Genau wie bei Männern auch erfolgen die meisten Neugründungen im Handel. Wenn es jedoch um Dienstleistungen geht, liegen Frauen vorn. Die höchste Frauenquote findet sich mit rund 70 Prozent im Gesundheits-, Veterinär- und Sozialwesen.

Mit über 80 Prozent ist das Einzelunternehmen die von Frauen am häufigsten gewählte Rechtsform. Rund 30 Prozent von ihnen starten im Nebenerwerb. Dafür gibt es ganz handfeste Gründe: Der Anteil der Doppelbelastung durch Beruf und Familie ist bei Frauen einfach immer noch größer als bei Männern.

Frauen verfügen in der Regel auch über weniger Startkapital. Mehr als die Hälfte beginnt mit einem Eigenkapital von unter 25 000 Euro. Das liegt nicht nur daran, dass Frauen generell immer noch schlechter bezahlt werden als Männer, sondern auch daran, dass sie auch seltener aus einer angestellten Führungsposition heraus starten.

Das Wachstum des neu gegründeten Unternehmens spielt für Frauen keine so große Rolle wie für Männer. Nicht nur, dass sie es sich nicht leisten können, wegen familiärer Verpflichtungen lange Arbeitszeiten in Kauf zu nehmen – häufig wollen sie das auch gar nicht. Speziell wenn sie im Nebenerwerb arbeiten, setzen sie sich häufig für ihren zeitlichen Einsatz ein Limit und verzichten dabei lieber auf einen größeren wirtschaftlichen Erfolg.

Frauennetzwerke bringen Existenzgründerinnen große Vorteile, werden aber trotzdem nicht sehr häufig von ihnen genutzt. Viele der Informationen, die inzwischen speziell für Gründerinnen bereitgestellt werden, unterscheiden sich kaum oder gar nicht von allgemeinen Gründerinformationen. Die Ursache ist einfach: Die Grundregeln der Wirtschaft sind eben doch für alle gleich.

Die bundesweite Gründerinnenagentur (bga) bietet unter der Internet-Adresse www.gruenderinnenagentur.de interessierten Frauen Informationen und Arbeitshilfen, unter anderem einen Online-Kurs zur Existenzgründung, eine Hotline, Veranstaltungshinweise, eine Übersicht über Beratungsmöglichkeiten sowie eine Liste von Frauennetzwerken.

Auch beim Verband deutscher Unternehmerinnen (VdU) können Existenzgründerinnen unter www.vdu.de Rat und Informationen finden. Der Verband vermittelt auch Kontakte zu Frauen aus verschiedensten Branchen und Unternehmensbereichen in Deutschland, zu Unternehmerinnenverbänden aus über 30 Ländern sowie zu politischen und wirtschaftlichen Entscheidungsträgern. Das deutsche Gründerinnen-Forum www.zfw.de bietet Informationen für Unternehmerinnen und Gründerinnen, und der Bundesverband der Frau im freien Beruf und Management e.V. (B.F.B.M) ist ein Netzwerk von Unternehmerinnen und veranstaltet unter anderem Vorträge und Workshops: www.bfbm.de. Wer eine Gründungsberaterin sucht, kann sich an »Experten beraten Newcomerinnen« unter www.expertinnen-beratungsnetz.de wenden.

Freiberufler, Selbstangestellter oder Unternehmer: Eine Entscheidung mit weitreichenden Folgen

Zusammenfassung

Selbstständigkeit ist nicht gleich Selbstständigkeit. Unter den Freien Berufen gibt es verschiedene Typen: Tätigkeits- und Katalogberufe sowie den Katalogberufen ähnliche Berufe. Dazu gibt es noch die neuen Freien Berufe. Und dann wird noch zwischen gewerblichen und nichtgewerblichen Freiberuflern unterschieden. Man hat zudem die Wahl, sich mit Partnern oder allein selbstständig zu machen. Und dann muss man sich auch noch für eine der zahlreichen Rechtsformen für das eigene Unternehmen entscheiden... Das klingt komplizierter, als es ist. Hier erfahren Sie, was Sie zu beachten haben.

In der Praxis kommt es immer wieder vor, dass ein Journalist entscheidet, sich als PR-Berater selbstständig zu machen. Beabsichtigt er in erster Linie journalistische Texte zu schreiben und seine zukünftigen Kunden bei der Pressearbeit zu beraten, so besteht für ihn die Möglichkeit, dies als Freiberufler zu tun. Ohne Angestellte oder allenfalls mit einer Schreibkraft, die ihm zuarbeitet, spricht nichts dagegen, diese Form der Selbstständigkeit zu wählen, die für ihn den Vorteil hat, dass er auf eine aufwändige Buchhaltung verzichten kann.

Möchte dieser Existenzgründer seine PR-Tätigkeit ebenfalls als Einzelkämpfer ausüben, setzt aber die Akzente seiner Arbeit anders, dann kann es durchaus notwendig sein, einen Gewerbeschein zu beantragen. Das wäre zum Beispiel der Fall, wenn er als PR-Berater nicht nur journalistische Dienstleistungen erbringt, sondern an seine Kunden auch Pressegeschenke oder Werbeartikel verkauft, die er zuvor selbst erworben hat. Ist diese Handelstätigkeit für seine neue Existenz von großer Bedeutung, kann es sogar sein, dass er sich als Handelsunternehmen im Handelsregister registrieren lassen muss. Als Freiberufler kann er sich zwar auch um die Presse- und Werbegeschenke seiner Kunden kümmern, müsste dies aber im Namen und auf Rechnung seiner Kunden tun.

Vielleicht hat der Existenzgründer auch vor, eine Agentur für Presse- und Öffentlichkeitsarbeit aufzubauen und schon bald Mitarbeiter zu beschäftigen. Dann muss er sein Vorhaben von Anfang an als Unternehmen konzipieren. Wenn die Agentur unter einem eigenen Firmennamen auftreten soll, wird auf jeden Fall eine Handelsregistereintragung fällig. Wahrscheinlich ist es dann auch zweckmäßig, die Rechtsform einer Gesellschaft mit beschränkter Haftung zu wählen, um die Unternehmensrisiken zu begrenzen (dazu mehr in dem Kapitel *Die richtige Rechtsform für Ihre Geschäftsidee* auf Seite 50). Das bietet sich auch an, wenn der Existenzgründer mit weiteren Partnern ein starkes Team darstellen möchte.

Die Unterschiede zwischen Freiberuflern und anderen Selbstständigen

Freiberufler sind keinesfalls eine homogene Gruppe. Der Gesetzgeber definierte den Freien Beruf erstmals im Partnerschaftsgesellschaftsgesetz von 1995. Dort heißt es in §1 Abs. 2 (PartGG): »Die Freien Berufe haben im Allgemeinen auf der Grundlage besonderer beruflicher Qualifikation oder schöpferischer Begabung die persönliche, eigenverantwortliche und fachlich unabhängige Erbringung von Dienstleistungen höherer Art im Interesse der Auftraggeber und der Allgemeinheit zum Inhalt.«

Das Einkommensteuergesetz ist das zweite und ältere Gesetz, das sich mit dem Thema Freiberufler befasst. Es definiert aber nur den Unterschied zwischen Freiberuflern und gewerblich tätigen Selbstständigen. Zu den Freiberuflern zählt das Einkommensteuergesetz:

1. Selbstständig ausgeübte wissenschaftliche, künstlerische, schriftstellerische, unterrichtende oder erzieherische Tätigkeiten, die so genannten Tätigkeitsberufe.

2. Selbstständige Berufstätigkeit der
   - Ärzte, Zahnärzte, Tierärzte

- Rechtsanwälte, Notare, Patentanwälte
- Vermessungsingenieure, Ingenieure, Architekten, Handelschemiker
- Wirtschaftsprüfer, Steuerberater, beratenden Volks- und Betriebswirte, vereidigten Buchprüfer (vereidigten Buchrevisoren), Steuerbevollmächtigten
- Heilpraktiker, Dentisten, Krankengymnasten
- Journalisten, Bildberichterstatter, Dolmetscher, Übersetzer
- Lotsen

Das sind die so genannten Katalogberufe, weil sie katalogmäßig im Gesetz aufgeführt sind.

3. Die selbstständige Tätigkeit in Berufen, die den Katalogberufen ähnlich sind.

Das Partnerschaftsgesellschaftsgesetz nennt zusätzlich als Freie Berufe: Hebammen, Heilmasseure, Diplom-Psychologen, Mitglieder der Rechtsanwaltskammern, hauptberufliche Sachverständige, Wissenschaftler, Künstler, Schriftsteller, Lehrer und Erzieher.

Für die Einstufung als katalogähnlicher Beruf ist entscheidend, dass die Ausbildung und die konkrete berufliche Tätigkeit einem Katalogberuf vergleichbar sind. Die Einstufung als Tätigkeitsberuf erfolgt immer nur nach einer Prüfung des Einzelfalls.

Daneben gibt es die so genannten »neuen Freien Berufe«, die bisher noch nicht in diesen Übersichten erfasst wurden. Auch wenn es für sie noch keine einheitliche Rechtssprechung gibt, werden sie in der Regel von den Finanzämtern als Freie Berufe behandelt. Dazu zählen folgende:

Übersicht: Neue Freie Berufe

Freie heilpädagogische Berufe

- Atem-, Sprech-, Stimmlehrer
- Logopäde
- Motopäde

Freie Sozialberufe

- Berufsbetreuer
- Ambulanter Pfleger

Freie rechts- und wirtschaftsberatende Berufe

- Leasing-Berater
- Rentenberater
- DV-Berater

Freie Medien-, Informations- und Kommunikationsberufe

- Mediendesigner
- Drehbuchautor
- Informationsbroker

Freie Kulturberufe

- Medienpädagoge
- Museumspädagoge
- Event-Manager

Freie technische und naturwissenschaftliche Berufe

- Bioinformatiker
- Medieninformatiker
- Netzwerkadministrator

Freie Umweltberufe

- Umweltberater
- Umweltgutachter
- Umweltingenieur

Beratung

- Ernährungsberater
- Sozialberater im Suchtbereich
- Anlageberater
- Medienberater
- PR-Berater
- Art-Consultant
- Energieberater
- Computer-Fachberater

Wie Sie sehen, ist die Gruppe der Freiberufler keineswegs homogen. Trotzdem gibt es einige Gemeinsamkeiten. Mit Hilfe der folgenden Checkliste können Sie überprüfen, ob die Bezeichnung Freiberufler auf Sie zutrifft.

Checkliste: Sind Sie Freiberufler?

- ○ Sind Sie rechtlich und wirtschaftlich selbstständig?
- ○ Erfüllen Sie Ihre Aufgaben unabhängig von Weisungen?
- ○ Tragen Sie das unternehmerische Risiko und die Kosten der Arbeitsausführung?
- ○ Sind Sie frei in der Entscheidung über Dauer, Beginn und Ende Ihrer Arbeitszeit?
- ○ Sind Sie nicht unmittelbar in den Arbeitsablauf und die Organisation von Auftraggebern integriert?
- ○ Können Sie für Ihre Tätigkeit eine besondere berufliche Qualifikation nachweisen?
- ○ Sind Ihre erbrachten Leistungen geistig-ideeller Art, wie zum Beispiel Heilung von Kranken oder Rechtsberatung?
- ○ Besteht zu Ihren Auftraggebern ein gegenseitiges und auf Dauer angelegtes Vertrauensverhältnis? (Das wird als Voraussetzung für die Unabhängigkeit von Weisungen angesehen.)
- ○ Ist dieses Vertrauensverhältnis auf einer freien Wahl der Auftraggeber begründet?
- ○ Erbringen Sie Ihre Leistungen persönlich?
- ○ Sind Sie eigenverantwortlich tätig?
- ○ Sind Sie in Ihren fachlichen Entscheidungen unabhängig?
- ○ Sind Sie wissenschaftlich tätig?
- ○ Sind Sie künstlerisch tätig?
- ○ Sind Sie schriftstellerisch tätig?
- ○ Sind Sie unterrichtend und/oder erziehend tätig?

Genehmigungen für freiberufliche Tätigkeiten

Für so genannte »kammerfähige Freie Berufe« gilt eine Pflichtmitgliedschaft in der zuständigen Kammer. Zu diesen Berufen gehören Ärzte, Zahnärzte, Tierärzte, Apotheker, Notare, Rechtsanwälte, Patentanwälte, Steuerberater,

Wirtschaftsprüfer, Architekten und beratende Ingenieure. Andere Freiberufler können bei den Kammern die Mitgliedschaft beantragen.

Für freiberuflich arbeitende Fotografen und Grafikdesigner ist eine Anmeldung bei der Berufsgenossenschaft Druck Pflicht. Andere Freiberufler können sich freiwillig bei den für sie zuständigen Berufsgenossenschaften versichern.

Für die Ausübung einer ganzen Reihe von Freien Berufen ist der Nachweis einer entsprechenden Ausbildung Voraussetzung. Begründet wird dies mit der ordnungspolitischen Funktion (bei Notaren, Wirtschaftsprüfern, öffentlich bestellten und vereidigten Sachverständigen) oder mit der besonderen gesellschaftlichen Bedeutung, zum Beispiel weil sie die medizinische Versorgung gewährleisten, der Rechtspflege dienen oder eine unabhängige Beratung sichern.

Freiberufler, die Mitglied bei einer Kammer sind, müssen ihre Ausbildung bei der Kammer nachweisen, andere beim Gesundheitsamt (zum Beispiel Heilpraktiker), bei der zuständigen Industrie- und Handelskammer oder dem zuständigen Gericht (zum Beispiel vereidigte Sachverständige).

Außerdem bestehen für viele Freie Berufe Werbebeschränkungen. Begründet wird dies damit, dass das Berufsbild nicht durch den Gebrauch kommerzieller Werbung verfälscht werden soll, weil sonst das Vertrauen der Patienten oder Klienten verspielt werden könnte. Sonst könnten zum Beispiel die Patienten auf die Idee kommen, die Ärzte würden ihre Entscheidungen eher nach Gewinngesichtspunkten treffen und nicht nach diagnostischen oder therapeutischen Aspekten. Eine Übersicht über erlaubte Formen der Werbung finden Sie dem Kapitel *Weitere Informationen zur Selbstständigkeit in der Übersicht* auf Seite 57.

Es gibt noch weitere Unterschiede zwischen Freiberuflern und anderen Selbstständigen. Gewerblich tätige Selbstständige müssen beispielsweise

- ein Gewerbe anmelden,
- Gemeindewirtschaftssteuer zahlen,
- sich ins Handelsregister eintragen lassen, wenn sie ein Handelsunternehmen führen wollen,
- in der Regel eine doppelte Buchhaltung führen und dem Finanzamt eine Bilanz vorlegen sowie
- Mitglied in der Industrie- und Handelskammer werden.

Freiberufler sind von diesen Pflichten befreit. Sie müssen ihre Tätigkeit nur beim Finanzamt anmelden. Statt einer doppelten Buchführung mit Bilanz reicht eine Einnahmen-Überschuss-Rechnung. Das Finanzamt entscheidet im Einzelfall, ob der Selbstständige als Freiberufler anerkannt wird oder nicht.

Freiberufler müssen innerhalb eines Monats nach Beginn ihrer Tätigkeit dieses dem Finanzamt melden. Dazu reicht ein formloser Brief. Das Finanzamt schickt dann einen Fragebogen zur steuerlichen Erfassung. Tipps zum Ausfüllen dieses Fragebogens finden Sie ebenfalls auf Seite 57ff. Hinsichtlich der Kranken-, Pflege- und Rentenversicherung ist für freiberuflich arbeitende Künstler und im Medienbereich Tätige die Künstlersozialversicherung zuständig.

Allein oder gemeinsam mit einem Partner starten?

Es gibt viele Vorteile, gemeinsam mit einem oder mehreren Partnern ein Unternehmen zu gründen – aber auch Nachteile. Die Nachteile zuerst: Es kann zu Meinungsverschiedenheiten kommen, nicht nur in grundsätzlichen Strategieentscheidungen, sondern auch bei alltäglichen Dingen. Deshalb ist die Grundvoraussetzung für eine so genannte »Teamgründung«, dass sich die Partner gut kennen und die »Chemie« zwischen ihnen stimmt. Außerdem sollten die Partner gemeinsam das Unternehmenskonzept erarbeiten, denn nur so kann sichergestellt werden, dass man sich über das Ziel der Existenzgründung und über den Weg, dieses zu erreichen, einig ist.

Der Hauptvorteil einer Teamgründung ist hingegen, dass die Partner sich hinsichtlich ihrer Fähigkeiten und Stärken ergänzen und entsprechend die Aufgaben und Kompetenzen aufteilen können. Diese klassische Arbeitsteilung findet man zum Beispiel in vielen Werbe- oder PR-Agenturen. Ein Geschäftsführer ist für die kaufmännischen Angelegenheiten verantwortlich, der andere für den kreativen Teil. Oder in produzierenden Betrieben ist einer der Gründer für Produktion und Technik zuständig und die Partnerin für Beschaffung und Vermarktung.

Ein zweiter Vorteil besteht, wenn mehrere Partner Geld in das neue Unternehmen einbringen: Die Eigenkapitalbasis wird größer, und damit sinkt die Abhängigkeit von externen Geldgebern. Gleichzeitig steigt die Chance, Kredite zu erhalten, da die Sicherheiten größer sind.

Der dritte Vorteil ist, dass das Risiko gleichmäßig auf mehrere Schultern verteilt wird.

Ein vierter Vorteil kann sein, dass nicht ein Einzelner allein ständig die Verantwortung für das gesamte Geschäft tragen muss, sondern dass auch das geteilt wird. Das gilt aber nur, wenn vorher genau festgelegt wird, wer welche Kompetenzen und welche Aufgaben hat, denn ansonsten sind Streitigkeiten und Konflikte vorprogrammiert. Dies sollte – unabhängig von der gewählten Rechtsform – schriftlich in einem Gesellschaftervertrag festgehalten werden.

Wichtig ist auch festzulegen, wie in Konfliktfällen vorgegangen werden soll. Im Bedarfsfall kann ein externer Berater hinzugezogen werden.

Checkliste: Sind in Ihrem Gesellschaftervertrag folgende Punkte geregelt?

- O Verantwortungsbereiche und Aufgaben
- O Vertretung des Unternehmens nach außen
- O Art der Abstimmung bei gesamtunternehmerischen Entscheidungen
- O Entscheidungsverfahren bei der Einstellung von Mitarbeitern
- O Entscheidungsverfahren bei anstehenden Investitionen
- O Vorgehen in Konfliktfällen
- O Höhe der Gesellschaftereinlagen
- O maximale Höhe der monatlichen Privatentnahmen
- O Vorgehen bei Liquiditätsproblemen
- O Verhalten beim Ausscheiden eines Partners
- O Verhalten bei Auflösung oder Verkauf des Unternehmens

Die richtige Rechtsform für Ihre Geschäftsidee

Als Existenzgründer können Sie zwischen den zahlreichen verschiedenen Rechtsformen wählen. Ausnahmen bilden einige Freie Berufe, für die durch das Berufsrecht bestimmte Rechtsformen vorgeschrieben sind. Rechtsanwälte zum Beispiel können nur zwischen der Sozietät, der Partnerschaftsgesellschaft und der Rechtsanwalts-GmbH wählen.

Dass die Wahl einer bestimmten Rechtsform rechtliche, finanzielle und steuerliche Auswirkungen hat, ist allgemein bekannt. Weitere Aspekte sind weniger offensichtlich und werden deshalb oft nicht beachtet, sind aber ebenso von Bedeutung: beispielsweise das Image des Unternehmens oder die Möglichkeit, fremdes Kapital ins Unternehmen zu holen. Folgende Aspekte sollten Sie bei der Auswahl der Rechtsform beachten:

1. unternehmerische Unabhängigkeit
2. Haftung
3. Höhe des Gründungskapitals und Gründungskosten
4. Kapitalbeschaffung
5. steuerliche Aspekte
6. Image
7. notwendige Formalitäten
8. vorgeschriebene Buchführung
9. Eintrag ins Handelsregister
10. Publizitätspflicht
11. Prüfpflicht

1. Unternehmerische Unabhängigkeit Die größte unternehmerische Unabhängigkeit haben Sie naturgemäß, wenn Sie als Einzelkämpfer eine Existenz gründen. Da bieten sich das Einzelunternehmen oder die Ein-Personen-GmbH als Rechtsform an. Ein Einzelunternehmen entsteht automatisch, wenn Sie allein ein Geschäft eröffnen. Die Höhe des Startkapitals ist nicht vorgeschrieben. Ein Einzelunternehmer haftet unbeschränkt mit seinem gesamten Vermögen, wozu auch das Privatvermögen gehört.

Diese Rechtsform eignet sich gut zum Start in die Selbstständigkeit. Ein Einzelunternehmer kann als so genannter Kleingewerbetreibender anfangen. Dabei ist keine vollkaufmännische Buchhaltung notwendig. Es steht einem Kleingewerbebetreiber frei, sich ins Handelsregister eintragen zu lassen – dann übernimmt er allerdings alle Rechte und Pflichten eines Kaufmanns.

Eine Ein-Personen-GmbH verbindet die Vorteile eines Einzelunternehmers mit denen einer GmbH: Der Unternehmer führt als Angestellter seines Unternehmens die Geschäfte, haftet aber nur in Höhe des Gesellschaftsvermögens und nicht mit seinem Privatvermögen. Durch eine notariell beurkundete Erklärung kann ein Einzelunternehmer sein Unternehmen in eine GmbH umwandeln.

2. Haftung Personengesellschaften und Kapitalgesellschaften unterscheiden sich vor allem unter Haftungsaspekten. In Personengesellschaften haften die Gesellschafter grundsätzlich für die Schulden des Unternehmens mit ihrem gesamten Vermögen, inklusive Privatvermögen. Voll haften die Gesellschafter einer Gesellschaft bürgerlichen Rechts (GbR) und einer offenen Handelsgesellschaft (OHG) sowie die Komplementäre einer Kommanditgesellschaft (KG) oder GmbH & Co. KG. Kommanditisten haften persönlich bis zur Höhe ihrer Einlage. Bei der Partnerschaftsgesellschaft (PartG) haften die Gesellschafter als Gesamtschuldner persönlich, bei Fehlern in der Berufsausübung allerdings nur derjenige, der den Fehler gemacht hat.

Zu den Kapitalgesellschaften zählen die Aktiengesellschaft (AG), die Kleine AG und die Gesellschaft mit beschränkter Haftung (GmbH). Ihre Gesellschafter beziehungsweise Aktionäre haften in der Regel nur in Höhe ihrer Einlage.

3. Höhe des Gründungskapitals und Gründungskosten Für die meisten Rechtsformen gibt es keine Regeln für die Höhe des Gründungskapitals. Lediglich für eine GmbH – auch für eine Ein-Personen-GmbH – ist eine Mindesteinlage von 25 000 Euro vorgeschrieben, und für eine Aktiengesellschaft mindestens 50 000 Euro.

Viele, die sich selbstständig machen wollen, unterschätzen die Höhe der Gründungskosten. Zu bezahlen sind die Gebühren für die Anmeldungen sowie der Anwalt und der Notar, wobei sich die Höhe der Kosten in der Regel nach der Höhe des Stammkapitals richtet. Teuer kann es werden, wenn bei einer GbR, OHG, KG, Partnerschaftsgesellschaft oder GmbH aufwändige Gesellschaftsverträge konstruiert werden müssen, um sie den Wünschen der Gründer anzupassen.

4. Kapitalbeschaffung Wenn Sie planen, fremde Investoren in Ihr Unternehmen aufzunehmen, sollten Sie von vornherein eine Rechtsform wählen, die den Geldgebern Mitsprache- oder Kontrollrechte einräumt.

5. Steuerliche Aspekte Die Besteuerung eines Unternehmens hängt auch von der Rechtsform ab. Es gibt keine allgemein gültigen Aussagen, wie man Steuern sparen kann, deshalb sollten Sie diesen Punkt am besten mit einem erfahrenen Steuerberater besprechen.

6. Image Die Wahl der Rechtsform kann sowohl auf potenzielle Kunden als auch auf Geschäftspartner eine Wirkung haben. Überlegen Sie sich, wie wichtig für Sie der Faktor Image ist, bevor Sie eine Konstruktion mit begrenzter Haftung wählen.

7. Notwendige Formalitäten Je nach Rechtsform hat man verschiedene Formalitäten zu beachten, die Zeit und damit auch Geld kosten. Dabei geht es zum Beispiel um die Vorschriften zur Beschlussfassung und um die Einberufung und Dokumentation von Gesellschafterversammlungen. Die wenigsten Vorschriften fallen bei einem Einzelunternehmen oder einer GbR an, die meisten bei einer Aktiengesellschaft.

8. Vorgeschriebene Buchführung Lediglich Kleingewerbetreibenden und unter bestimmten Voraussetzungen auch Freiberuflern erlaubt das Finanzamt eine einfache Einnahmen-Überschuss-Rechnung, ansonsten ist eine komplette Buchführung mit Jahresabschluss vorgeschrieben.

9. Eintrag ins Handelsregister Für einen Kaufmann gilt das Handelsrecht, er muss sein Unternehmen folglich in das Handelsregister eintragen lassen. Auf jedem Geschäftsbrief muss dann der offizielle Name der Firma, ihr Sitz und die Registernummer angegeben werden. Dies gilt für jede AG, GmbH, KG, OHG oder GmbH & Co. KG.

Darüber hinaus wird grundsätzlich jeder gewerbetreibende Einzelunternehmer als Kaufmann angesehen. Ausnahme: Das Unternehmen erfordert nicht »nach Art und Umfang einen in kaufmännischer Weise eingerichteten Geschäftsbetrieb«. Ausschlaggebend ist dabei nicht die Höhe des Umsatzes, sondern ein anderer Aspekt: Wer sehr einfach strukturierte, überschaubare und transparente Geschäftsbeziehungen hat, wird nicht als Kaufmann angesehen. Kleingewerbetreibende zählten bisher nicht als Kaufmann, können sich aber neuerdings trotzdem ins Handelsregister ein tragen lassen.

10. Publizitätspflicht Publizitätspflichtig sind die AG, die GmbH und die GmbH & Co. KG. Sie müssen ihre Bilanz und je nach Größe auch weitere Informationen für jeden Interessenten zugänglich machen. Viele Mittelständler fürchten, auf diese Weise Geschäftsgeheimnisse für die Konkurrenz verfügbar zu machen, und wählen deshalb andere Rechtsformen für ihr Unternehmen.

11. Prüfpflicht Das Handelsgesetz schreibt vor, dass große und mittlere GmbH und GmbH & Co. KG der Prüfpflicht unterliegen. Sie müssen unter anderem ihre Buchführung und ihre Jahresabschlüsse jährlich einem Wirtschaftsprüfer vorlegen, was mit relativ hohen Kosten verbunden ist.

Die Rechtsformen in Kürze

Folgende acht Rechtsformen stehen Ihnen bei einer Existenzgründung offen:

- Einzelunternehmen
- Gesellschaft des bürgerlichen Rechts (GbR) oder BGB-Gesellschaft
- Partnerschaftsgesellschaft (PartG)
- Offene Handelsgesellschaft (OHG)
- Kommanditgesellschaft (KG)
- Gesellschaft mit beschränkter Haftung (GmbH)
- GmbH & Co. KG
- Kleine Aktiengesellschaft (AG)

1. Einzelunternehmen Geeignet für Kleingewerbetreibende, Dienstleister, Handwerker, Freiberufler, Einsteiger. Kennzeichen:

- ein Unternehmer
- unbeschränkte Haftung
- kein Mindestkapital vorgeschrieben

2. Gesellschaft des bürgerlichen Rechts (GbR) oder BGB-Gesellschaft Geeignet für Kleingewerbetreibende, Freiberufler, Freie Berufe, Praxisgemeinschaften, Arbeitsgemeinschaften. Kennzeichen:

- mindestens zwei Unternehmer
- persönliche Haftung der Gesellschafter als Gesamtschuldner
- kein Mindestkapital vorgeschrieben
- formfreier Gesellschaftsvertrag, auch mündlich möglich, empfohlen wird jedoch ein schriftlicher Vertrag

3. Partnerschaftsgesellschaft (PartG) Geeignet für Freiberufler, Angehörige Freier Berufe, die eigenverantwortlich mit Partnern zusammenarbeiten wollen. Auch für Kooperationen unterschiedlicher Freier Berufe geeignet. Kennzeichen:

- mindestens zwei Gesellschafter
- kein Mindestkapital vorgeschrieben
- Haftung mit dem Geschäftsvermögen und dem Privatvermögen der Gesellschafter
- für Fehler in der Berufsausübung haftet jeweils nur der Partner, der den Fehler gemacht hat
- für Freiberufler, deren Haftung durch Berufsgesetze und Verordnungen beschränkt ist, ist eine Haftpflichtversicherung vorgeschrieben
- die PartG muss in das Partnerschaftsregister beim Amtsgericht eingetragen werden; für Berufsgruppen, denen die Rechtsform der GmbH verwehrt oder zu aufwändig ist, ist die Partnergesellschaft eine attraktive Alternative zur Sozietät (GbR)

4. Offene Handelsgesellschaft (OHG) Geeignet für Kaufleute, die Handelsgeschäfte betreiben, nicht geeignet für Kleingewerbe. Kennzeichen:

- mindestens zwei Gesellschafter
- kein Mindestkapital vorgeschrieben
- persönliche Haftung der Gesellschafter als Gesamtschuldner
- wegen der persönlichen Haftung besseres Image bei Geschäftspartnern und Kreditinstituten als zum Beispiel eine GmbH

5. Kommanditgesellschaft (KG) Geeignet für Kaufleute, die zusätzliches Kapital benötigen; Gesellschafter, die keine persönliche Haftung und Geschäftsführung übernehmen wollen. Kennzeichen:

- mindestens ein Komplementär
- mindestens ein Kommanditist
- der Komplementär (persönlich haftender Gesellschafter) ist Geschäftsführer und holt sich Kommanditisten als Geldgeber ins Geschäft, behält aber das alleinige Entscheidungsrecht
- Komplementäre haften persönlich als Gesamtschuldner, Kommanditisten haften persönlich bis zur Höhe ihrer Einlage

- die persönliche Haftung ist ausgeschlossen, soweit die Einlage geleistet ist
- kein Mindestkapital vorgeschrieben
- formfreier Gesellschaftsvertrag
- Eintragung ins Handelsregister

6. Gesellschaft mit beschränkter Haftung (GmbH) Geeignet für Unternehmer, die die Haftung beschränken oder nicht aktiv das Geschäft führen wollen. Kennzeichen:

- mindestens ein Gesellschafter (Ein-Personen-GmbH)
- ein oder mehrere Geschäftsführer
- Mindeststammkapital von 25 000 Euro
- Haftung in Höhe der Stammeinlage beziehungsweise der Höhe des Gesellschaftervermögens
- notariell beurkundeter Gesellschaftsvertrag
- Eintragung ins Handelsregister
- Kreditgeber verlangen oft zusätzliche private Sicherheiten
- relativ aufwändige Gründungsformalitäten
- wer das Sagen haben will, sollte mehr als 50 Prozent der Einlagen beisteuern

7. GmbH & Co. KG Geeignet für Kaufleute, die zusätzliches Kapital benötigen; Gesellschafter, die keine persönliche Haftung übernehmen und nicht die Geschäfte führen wollen. Kennzeichen:

- mindestens ein Komplementär
- mindestens ein Kommanditist
- persönlich haftender Gesellschafter ist die GmbH
- kein Mindestkapital vorgeschrieben
- formfreier Gesellschaftsvertrag
- Eintragung ins Handelsregister
- relativ komplizierte Gründungsformalitäten

8. Kleine Aktiengesellschaft (AG) Geeignet für Mittelständler, die zusätzliches Kapital benötigen und Unternehmer, die eine Gesellschaft übernehmen wollen. Kennzeichen:

- Aktiengesellschaft ohne Börsennotierung
- Haftung beschränkt auf Gesellschaftsvermögen
- »klein« bezieht sich auf Anzahl der Anteilseigner, nicht auf Umsatz oder Beschäftigtenzahl
- Unternehmer kann alleiniger Aktionär und Vorstand sein, braucht dann aber noch drei Aufsichtsräte
- ansonsten sind die Anleger meist Mitarbeiter, Kunden oder Nachfolger
- der Vorstand entscheidet, der Aufsichtsrat kontrolliert
- notarielle Satzung
- Eintragung ins Handelsregister
- Grundkapital mindestens 50 000 Euro

Weitere Informationen zur Selbstständigkeit in der Übersicht

In diesem Kapitel finden Sie noch einige Informationen rund um den Weg in die Selbstständigkeit: Tipps zur Anmeldung und Genehmigung gewerblicher Tätigkeiten, Hinweise auf besondere Genehmigungspflichten, hilfreiche Informationen zum Ausfüllen des Fragebogens vom Finanzamt sowie eine Übersicht über erlaubte Werbung für »verkammerte« Freie Berufe.

Anmeldungen und Genehmigungen für gewerbliche Tätigkeiten

1. Gewerbeanmeldung Jeder, der einen Gewerbebetrieb gründet, muss diesen beim zuständigen Gewerbeamt anmelden. Als Gewerbebetrieb gilt dabei jedes Unternehmen, das »auf Dauer auf Gewinnerzielung angelegt ist«. Nicht anmeldepflichtig sind Freie Berufe, Freiberufler, Wissenschaftler sowie land- und forstwirtschaftliche Betriebe.

In der Regel reicht für die Gewerbeanmeldung ein Personalausweis oder Pass aus. Bei bestimmten Geschäften müssen darüber hinaus besondere Genehmigungen vorgelegt werden, zum Beispiel Konzessionen oder Handwerkskarten. Das Gewerbeamt informiert in der Regel folgende Behörden über die erfolgte Anmeldung: das Finanzamt, das Statistische Landesamt, die zuständige Berufsgenossenschaft, die Handwerkskammer beziehungsweise die zuständige Industrie- und Handelskammer sowie das Handelsregister beim Amtsgericht. Trotzdem sollten auch Sie sich direkt an diese Institutionen wenden, um das Verfahren zu beschleunigen und offene Fragen zu klären.

2. Finanzamt Vom Finanzamt erhalten Sie eine Steuernummer und einen Fragebogen zu den erwarteten Umsätzen und Gewinnen. Wichtig ist es, eine vorsichtige Schätzung abzugeben, denn daran orientieren sich die Vorauszahlungen für die Einkommen- und Gewerbesteuer.

3. Handelsregister Falls es sich bei Ihrem Geschäft um eine Firma im Sinne des Handelsgesetzbuches (HGB) handelt, müssen Sie diese beim zuständigen Amtsgericht in das Handelsregister eintragen lassen. Dafür ist eine notarielle Beglaubigung vorgeschrieben.

4. Berufsgenossenschaft In einigen Berufsgenossenschaften werden Sie nach der Anmeldung des Gewerbes pflichtversichert, in anderen können Sie sich freiwillig versichern lassen.

5. Agentur für Arbeit Wenn Sie Arbeitnehmer beschäftigen, müssen Sie Ihren Betrieb bei der zuständigen Agentur für Arbeit anmelden. Sie erhalten dort eine Betriebsnummer, die Sie in die Versicherungsnachweise Ihrer Beschäftigten eintragen müssen. Diese Betriebsnummer ist an den jeweiligen Arbeitgeber gebunden, deshalb muss auch bei einer Übernahme eines bereits bestehenden Unternehmens eine neue Betriebsnummer beantragt werden. Bei der Agentur für Arbeit erhalten Sie auch ein »Schlüsselverzeichnis« über die Art der versicherungspflichtigen Tätigkeiten, die zur Anmeldung bei der Berufsgenossenschaft notwendig sind.

6. Krankenkasse und Sozialversicherung Auch die zuständige Krankenkasse und den Rentenversicherungsträger müssen Sie über die Anzahl Ihrer Beschäftigten informieren. Sie erhalten dort ebenfalls eine Betriebsnummer.

7. Versorgungsunternehmen Vergessen Sie nicht, mit den zuständigen Versorgungsunternehmen Lieferverträge für Strom, Wasser, Gas sowie Verträge für die Entsorgung von Müll und Abwasser abzuschließen.

Besondere Genehmigungspflichten

1. Handwerk Früher durfte nur jemand einen Handwerksbetrieb gründen oder führen, der im Besitz eines Meisterbriefes war. Seit Anfang 2004 ist der »Meisterzwang« auf 41 zulassungspflichtige Handwerke beschränkt. Die restlichen 53 Handwerke sind zulassungsfrei, und es ist kein Befähigungsnachweis mehr notwendig.

Auch in den zulassungspflichtigen Handwerken (sechs Ausnahmen) können sich Gesellen selbstständig machen, die mindestens sechs Jahre lang praktische Tätigkeit in diesem Handwerk nachweisen. Davon müssen sie aber vier Jahre in leitender Position tätig gewesen sein. Außerdem wurde das Inhaberprinzip abgeschafft: Betriebe eines zulassungspflichtigen Handwerks dürfen auch von Einzelunternehmern oder Personengesellschaften geführt werden, die einen Meister als Betriebsleiter einstellen.

2. Einzelhandel Für verschiedene Handelsbereiche werden besondere Sachkundenachweise verlangt.

3. Gaststätten und Hotels Wer eine Gaststätte oder ein Hotel gründen oder führen will, braucht eine Erlaubnis vom Gewerbeamt. Sie erhalten diese nach einer eintägigen Unterweisung bei der zuständigen Industrie- und Handelskammer.

4. Industrie Industrieanlagen mit besonderen Umwelteinflüssen müssen nach dem Bundes-Immissionsschutzgesetz genehmigt werden.

5. Verkehrsgewerbe Für die geschäftsmäßige Beförderung von Personen mit Bussen, Mietwagen oder Taxis ist eine Konzession erforderlich, die beim zuständigen Gewerbeamt oder Regierungspräsidium eingeholt werden kann.

6. Reisegewerbe Gewerbetreibende, die keine feste Betriebsstätte haben, brauchen vom Gewerbeamt eine Reisegewerbekarte.

7. Bewachungsgewerbe Wenn Sie im Bewachungsgewerbe tätig sein wollen, brauchen Sie eine Erlaubnis vom Gewerbeamt. Diese erhalten Sie, wenn Sie Ihre persönliche Zuverlässigkeit beweisen, über ausreichendes Kapital oder Sicherheiten verfügen und eine 40-stündige Unterrichtung durch die IHK absolvieren.

8. Spielhallen und ähnliches Betreiber von Spielhallen, Aufsteller von Spielgeräten mit Gewinnmöglichkeiten sowie Veranstalter von anderen Spielen mit Gewinnmöglichkeit brauchen eine besondere Erlaubnis durch das Gewerbeamt.

9. Versteigerer, Pfandvermittler, Pfandverleiher Auch hier ist eine Erlaubnis durch das Gewerbeamt erforderlich.

10. Fahrschulen, Güterkraftverkehr und Ähnliches Hier ist ebenfalls die Erlaubnis durch das Gewerbeamt Voraussetzung.

11. Immobilienmakler, Anlagevermittler, Bauträger, Baubetreuer Auch in diesen Bereichen muss erst die Erlaubnis durch das Gewerbeamt eingeholt werden.

Was Freiberufler beim Ausfüllen des Fragebogens vom Finanzamt beachten müssen

Angaben zur Art des Betriebes Hier müssen Sie Ihre Tätigkeit beschreiben. Nach Ihren Angaben wird dann entschieden, ob die Tätigkeit als freiberuflich anerkannt oder als gewerblich eingestuft wird.

Angaben zur Gewinnermittlung Kreuzen Sie »Einnahmen-Überschuss-Rechnung« an. Schätzen Sie den erwarteten Gewinn nicht zu hoch ein, da sich danach die Höhe der Einkommensteuervorauszahlung richtet.

Angaben zur Umsatzsteuer Wer seinen Jahresumsatz auf weniger als 16 620 Euro schätzt, kann die Umsatzsteuerbefreiung für Kleinunternehmer beantragen.

Frage nach der Regelbesteuerung Am besten kreuzen Sie »nach vereinnahmten Entgelten« an.

Frage nach einer Dauerfristverlängerung Die Frage nach der Dauerfristverlängerung sollten Sie am besten mit »Ja« beantworten.

Steuernummer Nach Eingang und Bearbeitung des ausgefüllten Fragebogens erhalten Sie vom Finanzamt eine Steuernummer zugeteilt.

Liste der für »verkammerte« Freie Berufe erlaubten Werbung

Anzeigen Anzeigen sind dann erlaubt, wenn sie in »unmittelbarem Zusammenhang mit der Tätigkeit« stehen, zum Beispiel bei Neugründungen, Urlaub und Zusammenlegung von Praxen.

Tätigkeitsschwerpunkte Auf Geschäftspapieren und Praxisschildern dürfen die Tätigkeitsschwerpunkte beziehungsweise Spezialisierungen angegeben werden.

Gelbe Seiten In den Gelben Seiten und anderen Branchenverzeichnissen dürfen sich Freiberufler mit Namen, Adresse und Tätigkeitsschwerpunkten aufnehmen lassen.

Mailings Mailings sind dann erlaubt, wenn sie sachliche Informationen, News oder Hintergrundinformationen enthalten. Werbliche Elemente wie Preisangaben sind nicht zugelassen.

Selbstdarstellungen Gedruckte Selbstdarstellungen oder Unternehmenspräsentationen sind dann erlaubt, wenn sie nur sachliche Informationen oder die Tätigkeiten und Schwerpunkte des Freiberuflers enthalten. Werbliche Elemente sind auch hier verboten.

Problemfall Scheinselbstständigkeit

Die Bezeichnung »Scheinselbstständiger« hat für viele einen ähnlich schlechten Beigeschmack wie der Begriff »Schwarzarbeiter«. Ist ein Scheinselbstständiger tatsächlich ein Drückeberger, der es bewusst vermeidet, Beiträge zur gesetzlichen Renten-, Kranken-, Pflege- und Arbeitslosenversicherung zu zahlen? Wäre es überhaupt vernünftig, sich vor diesen Beiträgen zu drücken? Schließlich hat jemand, der nichts einzahlt, auch keinen Anspruch auf entsprechende Leistungen.

Dass der Begriff Scheinselbstständigkeit heute immer noch für Unruhe und Unsicherheit unter Selbstständigen und ihren Auftraggebern sorgt, liegt daran, dass der Gesetzgeber mit dem ersten Gesetz gegen die Scheinselbstständigkeit, das am 1. Januar 1999 rückwirkend in Kraft trat, mehr Unklarheiten als Klarheit geschaffen hat. Inzwischen wurden die Regelungen über die Scheinselbstständigkeit mehrfach nachgebessert und entsprechend den Bedürfnissen des Arbeitsmarktes und des Sozialstaates modifiziert. Die neuesten Änderungen sind zum 1. Januar 2005 in Kraft getreten.

Erfunden wurde der Begriff der Scheinselbstständigkeit in den 90er Jahren von den Gewerkschaften. Diese vermuteten, dass es in Deutschland eine große Zahl von Berufstätigen gab, die nach der Art und Weise ihrer Beschäftigung eigentlich Arbeitnehmer sein müssten, die aber von ihren Arbeitgebern wie Selbstständige behandelt wurden – für die also weder Sozialversicherung zu zahlen ist noch ein Kündigungsschutz gilt.

Der Gesetzgeber befand sich in einer gewissen Zwickmühle. Einerseits wollte er ganz klar die Rechte der Erwerbstätigen schützen, die eindeutig Arbeitnehmerstatus haben. Andererseits wollte er aber auch möglichst viele Erwerbsfähige dazu ermuntern, sich selbstständig zu machen, um dadurch neue Arbeitsplätze zu schaffen, bestehende Arbeitsplätze für andere frei zu machen oder auch nur die Zahl der Arbeitslosen zu senken.

Dazu kam noch ein dritter Aspekt, der dem Gesetzgeber Kopfzerbrechen bereitete: Selbstständige sind im Gegensatz zu abhängig Beschäftigten grundsätzlich nicht sozialversicherungspflichtig. Wenn man also mehr Selbstständige hat, hat man gleichzeitig weniger Beitragszahler für die Sozialversicherung. Auch hier wollte der Staat gegensteuern.

Um diese unterschiedlichen und zum Teil sogar gegenläufigen Interessenaspekte unter einen Hut zu bringen, hat man bis heute ein überaus komplexes Regelwerk geschaffen, das statt Klarheit eher Verwirrung stiftet. Denn – wie in solchen Fällen üblich – die Zahl der Ausnahme- und Sonderregelungen sowie der Einzelfallentscheidungen ist immer weiter angewachsen.

Gehen wir einmal davon aus, dass ein Auftraggeber eine bestimmte Dienstleistung von jemandem ausführen lassen möchte, der sich ihm als Selbstständiger präsentiert und als solcher auch den Auftrag übernehmen möchte. In diesem Fall muss sich der Auftraggeber trotzdem fragen, ob der Auftragnehmer die Tätigkeit tatsächlich als selbstständig tätige Erwerbsperson ausüben wird oder ob durch die Beauftragung ein Arbeitsverhältnis entsteht und der Auftraggeber somit zum Arbeitgeber wird.

Falls der Auftragnehmer absolut weisungsgebunden und vielleicht sogar noch in die Arbeitsorganisation seines Auftraggebers fest eingebunden ist, sollten eigentlich bei beiden Beteiligten keine Zweifel daran bestehen, dass es sich nicht um eine Selbstständigkeit, sondern um eine abhängige Beschäftigung handelt. Aber es ist für beide Parteien in vielen Grenzbereichen nicht einfach, dieses Rechtsverhältnis richtig einzuschätzen.

Um diese Einschätzung zu erleichtern, hat der Gesetzgeber ein formalisiertes, bundeseinheitliches Statusanfrageverfahren eingeführt. Die entsprechenden Vorschriften findet man im Sozialgesetzbuch im 4. Buch in den Paragraphen 7a bis 7c. Zuständig für die Durchführung des Statusfeststellungsverfahrens ist heute allein die Bundesversicherungsanstalt für Angestellte (BfA). Sie ist auch dann zuständig, wenn der Antrag bei einem anderen Sozialversicherungsträger gestellt wurde. Antragsberechtigt sind sowohl der Auftraggeber als auch der Auftragnehmer.

Die Durchführung der Statusprüfung erfolgt nach den Grundsätzen, die die Spitzenorganisationen der Sozialversicherung beraten und als Ergebnis in einem Rundschreiben vom 26.03.2003 einschließlich diverser Anlagen zusammengefasst haben. Darin heißt es unter anderem:

»Der Grad der persönlichen Abhängigkeit wird auch von der Eigenart der jeweiligen Tätigkeit bestimmt. Insoweit lassen sich abstrakte, für alle Beschäftigungsverhältnisse geltende Kriterien nicht aufstellen. Manche Tätigkeiten können sowohl im Rahmen eines Beschäftigungsverhältnisses als auch im Rahmen freier Dienst- und Werkverträge erbracht werden, andere regelmäßig nur im Rahmen eines Beschäftigungsverhältnisses.

Aus Art und Organisation der Tätigkeit kann auf das Vorliegen eines Beschäftigungsverhältnisses zu schließen sein. Dabei sind für die Abgrenzung in erster Linie die tatsächlichen Umstände der Leistungserbringung von Bedeutung, nicht aber die Bezeichnung, die die Parteien ihrem Rechtsverhältnis gegeben haben, oder gar die von ihnen gewünschte Rechtsfolge. Der jeweilige Vertragstyp ergibt sich aus dem wirklichen Geschäftsinhalt. Dieser wiederum folgt aus den getroffenen Vereinbarungen und der tatsächlichen Durchführung des Vertrages. Aus der praktischen Handhabung lassen sich Rückschlüsse darauf ziehen, von welchen Rechten und Pflichten die Parteien in Wirklichkeit ausgegangen sind.

Selbstständig ist im Allgemeinen jemand, der unternehmerische Entscheidungsfreiheit genießt, ein unternehmerisches Risiko trägt sowie unternehmerische Chancen wahrnehmen und hierfür Eigenwerbung betreiben kann.

Zu typischen Merkmalen unternehmerischen Handelns gehört unter anderem, dass Leistungen im eigenen Namen und auf eigene Rechnung statt im Namen und auf Rechnung des Auftraggebers erbracht werden, sowie die eigenständige Entscheidung über

- Einkaufs- und Verkaufspreise, Warenbezug,
- Einstellung von Personal,
- Einsatz von Kapital und Maschinen,
- die Zahlungsweise der Kunden (zum Beispiel sofortige Barzahlung, Stundungsmöglichkeit, Einräumung von Rabatten),
- Art und Umfang der Kundenakquisition,
- Art und Umfang von Werbemaßnahmen für das eigene Unternehmen (zum Beispiel Benutzung eigener Briefköpfe).

Aufgrund der Gesamtbetrachtung kann durchaus jemand auch selbstständig tätig sein, der nur für einen Auftraggeber arbeitet und in seinem Unternehmen keine Mitarbeiter beschäftigt. Dies ist insbesondere der Fall, wenn er für seine Unternehmung beziehungsweise selbstständige Tätigkeit eine besondere amtliche Genehmigung oder Zulassung benötigt. Auch die Eintragung in die Handwerksrolle stützt die Annahme einer selbstständigen Tätigkeit. Die Gewerbeanmeldung beziehungsweise die Eintragung in das Gewerberegister oder in das Handelsregister reicht dagegen für sich alleine nicht aus.

Ist der Auftragnehmer eine Gesellschaft (zum Beispiel GmbH, KG oder OHG), schließt dies ein abhängiges Beschäftigungsverhältnis zum Auftraggeber aus. Der Ausschluss eines abhängigen Beschäftigungsverhältnisses wirkt jedoch nur auf die Beurteilung der Rechtsbeziehungen zwischen dem Auftraggeber und dem Auftragnehmer, nicht jedoch auf die Frage, ob die in der Gesellschaft Tätigen (zum Beispiel Kommanditisten) Arbeitnehmer dieser Gesellschaft sein können.

Die gleiche Beurteilung gilt grundsätzlich auch, sofern es sich bei dem Auftragnehmer um eine Ein-Personen-GmbH oder eine Partnerschaftsgesellschaft im Sinne des Partnerschaftsgesellschaftsgesetzes handelt. Eine abhängige Beschäftigung des Auftragnehmers zum Auftraggeber ist jedoch nicht schon deshalb ausgeschlossen, weil der Auftragnehmer Gesellschafter einer Partnerschaftsgesellschaft ist. Vielmehr muss in diesen Fällen das Vorliegen einer abhängigen Beschäftigung zum Auftraggeber im Einzelfall geprüft werden.

Handelt es sich bei der auftragnehmenden Gesellschaft um eine GbR, ist das Vorliegen einer abhängigen Beschäftigung oder einer selbstständigen Tätigkeit ebenfalls im Einzelfall zu prüfen.«

Achtung!

Mit den Gesetzen für moderne Dienstleistungen sind die fünf Kriterien zur Feststellung der Scheinselbstständigkeit entfallen, auf die heute an vielen Stellen besonders im Internet immer noch Bezug genommen wird.

Bei der folgenden Übersicht handelt es sich um einen Auszug aus dem Katalog bestimmter Berufsgruppen zur Abgrenzung zwischen abhängiger Beschäftigung und selbstständiger Tätigkeit, der Anlage 4 zum bereits erwähnten Rundschreiben der Spitzenorganisationen vom 26.03.2003.

Übersicht: Selbstständig oder abhängig beschäftigt? Beurteilung bestimmter Berufsgruppen

Ableser Zählerableser für Gas, Wasser, Strom, Heizung und so weiter stehen auch dann in einem abhängigen Beschäftigungsverhältnis, wenn nach der vertraglichen Vereinbarung über »freie Mitarbeit« in Ausnahmefällen das Ablesen auch von einer zuverlässigen Vertretung übernommen werden darf.

Ambulante Sonntagshändler Wer am Sonntag eigenverantwortlich nur im Einzelverkauf erhältliche Sonntagszeitungen vertreibt, ist den selbstständig Tätigen zuzuordnen, da er – wie auch der stationäre Presseeinzelhandel – ein typisches Unternehmerrisiko hat. Darin unterscheidet er sich von Zeitungsausträgern oder Zeitungszustellern.

Ausbeiner, Zerleger, Lohnschlächter Personen, die diesen Tätigkeiten nachgehen und die von Agenturen oder Dienstleistungsbetrieben für solche Arbeiten vermittelt werden, wird auch dann die Arbeitnehmereigenschaft zuerkannt, wenn sie im Besitz eines Gewerbescheins sind.

Autoverkäufer Autoverkäufer, die Neu- oder Gebrauchtfahrzeuge gegen Provision eines Autohauses verkaufen, führen diese Tätigkeit in einem abhängigen Beschäftigungsverhältnis und nicht als freier Handelsvertreter aus.

Betreuer Die Tätigkeit als Berufsbetreuer für Volljährige aufgrund einer Bestellung durch das Vormundschaftsgericht setzt mindestens zehn Betreuungsverhältnisse voraus. Ein abhängiges Beschäftigungsverhältnis wird durch das Bestellungsverhältnis nicht begründet.

Besamungstechniker Besamungstechniker beziehungsweise Besamungsbeauftragte üben grundsätzlich eine abhängige Beschäftigung aus.

Dozenten/Lehrbeauftragte Dozenten und Lehrbeauftragte an Universitäten, Hoch- und Fachhochschulen, Fachschulen, Volkshochschulen, Musikschulen sowie an sonstigen – auch privaten – Bildungseinrichtungen stehen regelmäßig nicht in einem abhängigen Beschäftigungsverhältnis zu diesen Schulungseinrichtungen, wenn sie mit einer von vornherein zeitlich und sachlich beschränkten Lehrverpflichtung betraut sind, weitere Pflichten nicht zu übernehmen haben und sich dadurch von den fest angestellten Lehrkräften erheblich unterscheiden.

Frachtführer/Unterfrachtführer Es wird davon ausgegangen, dass Frachtführer im Sinne der §§ 407 ff. HGB dann ein selbstständiges Gewerbe ausüben, wenn sie beim Transport ein eigenes Fahrzeug einsetzen und für die Durchführung ihres Gewerbes eine Erlaubnis nach § 3 Güterkraftverkehrsgesetz oder die Gemeinschaftslizenz nach Artikel 3 der Verordnung EWG 881/92 besitzen. Dies gilt auch dann, wenn sie als Einzelperson ohne weitere Mitarbeiter nur für ein Unternehmen tätig sind und dabei die Farben oder ein »Logo« dieses Unternehmens nutzen.

Voraussetzung ist allerdings, dass ihnen weder Dauer noch Beginn und Ende der Arbeitszeit vorgeschrieben werden und sie die

– nicht nur theoretische – Möglichkeit haben, Transporte auch für weitere, eigene Kunden auf eigene Rechnung durchzuführen.

Um ein eigenes Fahrzeug im Sinne der vorherigen Ausführungen handelt es sich nur dann, wenn es auf den Erwerbstätigen zugelassen ist und von ihm mit eigenem Kapitalaufwand erworben oder geleast wurde. Eine indirekte oder direkte Beteiligung an der Fahrzeug-/Leasingfinanzierung durch den Auftraggeber spricht gegen die Annahme einer selbstständigen Tätigkeit.

Franchise-Nehmer Für Franchise-Unternehmen ist eine pauschalierende und typisierende Darstellung nicht möglich. Bei der Franchise-Wirtschaft handelt es sich um einen heterogenen Wirtschaftszweig, der nicht nur Franchise-Systeme unterschiedlichster Größe und Ausgestaltung, sondern auch eine hohe Branchenvielfalt aufweist. Insofern gibt es auch kein allgemeines Leitbild eines Franchise-Nehmers. Vielmehr ist auf die Besonderheiten eines jeden einzelnen Franchise-Systems zu achten.

Die Frage der Arbeitnehmereigenschaft des Franchise-Nehmers wird danach beurteilt, ob die Tätigkeit weisungsgebunden ausgeübt wird oder ob der Franchise-Nehmer seine Chancen auf dem Markt selbstständig und im Wesentlichen weisungsfrei suchen kann.

Ein Franchise-Nehmer wird zumindest als arbeitnehmerähnliche Person anzusehen sein, wenn ihm ein räumlich abgegrenztes Verkaufsgebiet zugewiesen wird, in dem er mit vom Franchise-Geber gemieteten Gütern Produkte vertreibt, die er von diesem Unternehmen bezieht.

Interviewer Von Marktforschungsinstituten beauftragte Interviewer stehen nicht in einem abhängigen Beschäftigungsverhältnis, sofern deren Vergütung für die Tätigkeit sich jeweils auf einen Einzelauftrag bezieht, nicht die Existenzgrundlage bildet und mit einem unternehmereigentümlichen finanziellen Risiko verbunden ist.

Kurier-, Express- und Paketdienstfahrer Eine sichere Beurteilung ist nur anhand des konkreten Vertrags und unter Berücksichtigung der tatsächlichen Verhältnisse möglich.

Bei diesem Personenkreis kann eine selbstständige Tätigkeit aber nicht allein am Merkmal eines eigenen Fahrzeugs festgemacht werden, weil der wirtschaftliche Aufwand für den Erwerb eines solchen Fahrzeugs nicht so hoch ist, dass ein mit einem erheblichen wirtschaftlichen Risiko verbundener Aufwand begründet werden kann.

Messe-Hostessen Im normalen Agenturbetrieb, in dem für Kunden Veranstaltungen organisiert und keine Arbeitnehmer überlassen werden, sind Hostessen in der Regel als Arbeitnehmer zu betrachten.

Telearbeit Telearbeit wird in besonderem Maße in der Texterfassung, bei der Erstellung von Programmen, in der Buchhaltung und in der externen Sachbearbeitung eingesetzt. In der Praxis gibt es mehrere Organisationsformen der Telearbeit. Sie kann durch Mitarbeiter zu Hause oder an einem von ihnen ausgewählten Ort ausgeübt werden.

Verbreitet ist beispielsweise das Erfassen von Texten im Auftrag von Verlagen im heimischen Umfeld, wobei die Mitarbeiter keinen Arbeitsplatz mehr im Büro haben. Die Telearbeit ist auch im Bereich des modernen Außendienstes gebräuchlich. Dabei sind Mitarbeiter durch einen Online-Anschluss mit dem Unternehmen verbunden, um Geschäftsvorfälle (Aufträge, Rechnungen) an das Unternehmen weiterzuleiten.

Vielfach handelt es sich hierbei lediglich um einen ausgelagerten Arbeitsplatz. In diesen Fällen wird von einem abhängigen Beschäftigungsverhältnis ausgegangen, weil es nicht rechtserheblich ist, wo der Beschäftigte seine Tätigkeit verrichtet.

Die Beurteilung der Frage, ob die Telearbeit ein abhängiges Beschäftigungsverhältnis darstellt, richtet sich im Übrigen danach, inwieweit die Mitarbeiter in die Betriebsorganisation des Unternehmens eingegliedert sind. Ein abhängiges Beschäftigungsverhältnis liegt trotz räumlicher Abkoppelung dann vor, wenn eine feste tägliche Arbeitszeit – auch in einem Zeitkorridor – vorgegeben ist, seitens des Auftraggebers Rufbereitschaft angeordnet werden kann und die Arbeit von dem Betreffenden persönlich erbracht werden muss. Dies gilt auch dann, wenn die Telearbeit als Teilzeitarbeit konzipiert ist.

Telefonvermittler Größere Versandunternehmen bieten ihre Waren und Serviceleistungen durch Kundenbetreuungsbüros an, die sich über das gesamte Bundesgebiet verteilen. Neben dem angestellten Personal bedienen sich diese Unternehmen freier Mitarbeiter, die automatisch die Anrufe erhalten, die von den Kundenbetreuungsbüros nicht zu schaffen sind. Das Konzept ist von vornherein so angelegt, dass die als freie Mitarbeiter beschäftigten Telefonvermittler einen größeren Teil der Anrufe erhalten. Die Versandunternehmen statten die Telefonvermittler mit den erforderlichen Arbeitsmaterialen (Bildschirmgerät, Tastatur, Telefon und Formulare) aus.

Die Telefonvermittler werden als abhängig Beschäftigte angesehen. Sie sind keine Heimarbeiter im Sinne von § 12 Abs. 2 SGB (Sozialgesetzbuch) IV, weil Versandunternehmen nicht zu den in Abs. 2 aufgezählten Auftraggebern gehören und keine Gewerbetreibenden im sozialversicherungsrechtlichen Sinne sind.

Wie Sie gesehen haben, ist die Unterscheidung zwischen Selbstständigen und abhängig Beschäftigten in den verschiedenen Einzelfällen alles andere als einfach. Doch der Gesetzgeber gibt sich mit diesen beiden Gruppierungen allein nicht zufrieden. Um einerseits Schutz zu gewähren und andererseits eine Auszehrung der Rentenkassen möglichst zu verhindern oder zumindest zu verzögern, wurde neben dem Selbstständigen und dem abhängig Beschäftigten der Begriff des »arbeitnehmerähnlichen Selbstständigen« geschaffen. Das sind selbstständig Tätige, die zur gesetzlichen Rentenversicherung Beiträge zahlen müssen.

Im § 2 des SGB VI sind eine ganze Reihe von selbstständigen Tätigkeiten katalogmäßig erfasst, die unter die Rentenversicherungspflicht fallen. Das sind:

- Lehrer und Erzieher, die im Zusammenhang mit ihrer selbstständigen Tätigkeit keinen versicherungspflichtigen Arbeitnehmer beschäftigen
- Pflegepersonen, die in der Kranken-, Wochen-, Säuglings- oder Kinderpflege tätig sind und im Zusammenhang mit ihrer selbstständigen Tätigkeit keinen versicherungspflichtigen Arbeitnehmer beschäftigen
- Hebammen und Entbindungspfleger
- Seelotsen
- Hausgewerbetreibende
- Küstenschiffer und Küstenfischer unter bestimmten Bedingungen
- Handwerker, die in die Handwerksrolle eingetragen sind
- Bezieher eines Existenzgründerzuschusses (Ich-AG) oder anderer Fördermaßnahmen nach § 16 SGB II

Für Künstler und Publizisten richtet sich die Rentenversicherungspflicht nach den näheren Bestimmungen des Künstlersozialversicherungsgesetzes.

Grundsätzlich rentenversicherungspflichtig sind außerdem alle Personen, die im Zusammenhang mit ihrer selbstständigen Tätigkeit regelmäßig keinen versicherungspflichtigen Arbeitnehmer beschäftigen, dessen Arbeitsentgelt aus diesem Beschäftigungsverhältnis regelmäßig 400 Euro im Monat übersteigt und die auf die Dauer und im Wesentlichen nur für einen Auftraggeber tätig sind.

WISO rät

Wenn Sie als Selbstständiger der Rentenversicherungspflicht entgehen möchte, sollten Sie sich stets ernsthaft darum bemühen, nachweisen zu können, dass Sie für mehrere verschiedene Auftraggeber arbeiten.

Man kann sich allerdings auch unter bestimmten Bedingungen auf Antrag von der Rentenversicherungspflicht befreien lassen. Das gilt zum Beispiel für Existenzgründer für die Dauer von drei Jahren nach Aufnahme der selbstständigen Tätigkeit oder auch für so genannte ruhestandsnahe Selbstständige, die mindestens 58 Jahre alt sind. Aber damit ist die Liste der Befreiungsgründe noch lange nicht abgeschlossen. Genaue Informationen erhält man bei der Bundesversicherungsanstalt für Angestellte.

Der Weg in die Selbstständigkeit

Zusammenfassung

Sie haben bereits erfahren, dass es verschiedene Ausgangspositionen für den Schritt in die Selbstständigkeit gibt. In dem Kapitel *Was wollen Sie und was können Sie erreichen? – Hoffnung und Realität* zu Beginn des Buches wurden verschiedene Gründe genannt, warum Menschen sich selbstständig machen. Ob Sie nun einfach Ihr eigener Chef werden, der Arbeitslosigkeit entfliehen möchten, eine gute Idee verwirklichen wollen oder durch eine Nachfolgeregelung Inhaber eines Unternehmens werden – der Weg ist jeweils ein anderer. Was Sie dabei zu beachten haben und welche Konzepte Sie nutzen können, erfahren Sie in diesem Kapitel.

Vom Angestellten zum eigenen Chef

Wer vom Angestellten zum eigenen Chef aufsteigen möchte, kann verschiedene Wege wählen. Zuerst muss man die Frage beantworten, ob man mit seiner Existenzgründung gleich hauptberuflich beginnen oder zunächst nebenberuflich beginnen soll. Rund 60 Prozent aller Existenzgründer in Deutschland starten nebenberuflich in die zukünftige Selbstständigkeit. Sie behalten ihren bisherigen Job und ihr Einkommen und können trotzdem die Selbstständigkeit testen, ohne ein Existenzrisiko eingehen zu müssen.

Als nebenberuflicher Existenzgründer ist es möglich, das Startgeld oder das Mikro-Darlehen bei der KfW Mittelstandsbank zu beantragen, allerdings geht man dort bei einer Förderung davon aus, dass mittelfristig das gegründete Unternehmen zum Haupterwerb wird. Aber das ist keineswegs bei allen nebenberuflichen Existenzgründungen das Endziel.

Wer heutzutage Vollzeit arbeitet, verfügt nur in den seltensten Fällen über ausreichend Zeit, nebenberuflich zu starten. Allenfalls als eBay-Händler oder bei ähnlichen Jobs ist es möglich, seine Tätigkeit auf die Abend- und Nachtstunden und die Wochenenden zu verlagern. In der Vergangenheit waren es hauptsächlich Lehrer, die über ihre freie Zeit am Nachmittag so verfügen konnten, wie sie wollten. Die Tee- oder Weinhandlungen mit Öffnungszeiten von 14.00 bis 18.00 Uhr waren für diese Personengruppe schon fast typisch, besonders weil es dafür auch erprobte Franchise-Modelle gab.

Heute sind es viele Teilzeitbeschäftigte, die nach einem zweiten Standbein suchen. Dabei bewegen sie sich in der Regel nicht in der Branche, in der sie hauptberuflich tätig sind, weil es sonst zu Konflikten mit dem Arbeitgeber kommen könnte.

Freundliche Wege zum eigenen Chef

Wer innerhalb der bestehenden Branche in die Selbstständigkeit startet, wird es wahrscheinlich hauptberuflich tun. Hier gibt es mehrere »freundliche« Wege, bei denen man im Einvernehmen mit seinem bisherigen Arbeitgeber handelt, aber auch »unfreundliche«, bei denen ein Konflikt programmiert ist.

Zu den freundlichen Wegen vom Angestellten zum Chef gehört zum Beispiel die Unternehmensnachfolge in einem inhabergeführten Betrieb, in dem man langjähriger und vielleicht sogar auch schon leitender Mitarbeiter ist. Das könnte sein, wenn der Inhaber aus Altersgründen ausscheidet und kein anderer Nachfolger, zum Beispiel aus der Inhaberfamilie, zur Verfügung steht.

Ein anderer Weg ist der des so genannten »Management-Buy-out« (MBO). Dieser Begriff wird immer dann benutzt, wenn ein Unternehmen nicht inhabergeführt ist, sondern Management und Eigentum getrennt sind. Der Impuls zum Management-Buy-out, also der Übernahme des Unternehmens durch die eigenen Führungskräfte, wird häufig von außen gesetzt.

Es kann zum Beispiel sein, dass ein weitgehend selbstständiges Tochterunternehmen innerhalb eines Unternehmensverbundes von der Eigentümergesellschaft wegen Restrukturierungsmaßnahmen geschlossen oder verkauft werden soll. In der Regel handelt es sich dabei um größere Unternehmen oder Unternehmensteile, die meistens so viel kosten, dass das Management die entsprechenden Summen nicht selbst aufbringen kann, sondern seinerseits Finanzpartner ins Spiel bringt.

Ein Management-Buy-out ist sowohl für die beteiligten Manager als auch für die Finanziers von Vorteil: Die einen bekommen Geld und die anderen ein funktionierendes oder zumindest in Zukunft mit großer Wahrscheinlichkeit wieder gut funktionierendes Unternehmen mit einem erfahrenen Management an der Spitze, das durch sein eigenes finanzielles Engagement höher motiviert ist, als es bei reinen angestellten Führungskräften vielleicht der Fall ist.

Eine weitere Möglichkeit, vom Angestellten zum Chef aufzusteigen, ist der so genannte »Spin-off«. Hierbei handelt es sich um die geschäftliche Abtrennung einzelner Geschäftsbereiche vom Mutterhaus. Der Weg des Spin-offs wird in mittelständischen Unternehmen besonders gern dann gewählt, wenn man die Produkte oder Dienstleistungen des abgetrennten Geschäftsbereichs nicht nur im eigenen Unternehmen nutzen möchte, sondern plant, sie auch der Konkurrenz anzubieten.

Im Rahmen eines Spin-offs werden in Produktionsunternehmen häufig bestimmte Teile der Wertschöpfungskette ausgegliedert, die nicht zu den Kernfunktionen des Mutterhauses gehören. Das kann die Produktion bestimmter Vormaterialien sein, aber auch die Lagerhaltung und Logistik.

Bei Dienstleistungsunternehmen wie zum Beispiel Werbeagenturen bestehen oft branchenspezifische Wettbewerbsverbote. Eine Werbeagentur, die für einen Automobilhersteller arbeitet, darf dies nicht auch noch für einen zweiten tun. Macht sich jetzt aber ein geeigneter Mitarbeiter mit einer eigenen Agentur selbstständig, hat er aufgrund seiner Erfahrungen gute Chancen, den Etat einer anderen Automarke zu gewinnen. Nach außen hin ist ja eine vollkommen neue Agentur entstanden, über die internen Verflechtungen – zum Beispiel über eine stille Beteiligung des Mutterhauses – darf dann allerdings nichts an die Öffentlichkeit dringen.

Unfreundliche Wege zum eigenen Chef

Ein unfreundlicher Weg in die Selbstständigkeit lässt sich sehr gut am gleichen Beispiel der Werbeagentur demonstrieren. Vielleicht fühlen sich einige der leitenden Mitarbeiter zu schlecht behandelt und/oder zu schlecht bezahlt. Viele Kunden von Werbeagenturen sind weniger auf die Agentur an sich als auf die kreativen Leistungen bestimmter Mitarbeiter fixiert. Wenn diese jetzt das Mutterhaus verlassen, wird der Kunde mit großer Wahrscheinlichkeit mitgehen.

Es gibt kaum Mitarbeiter, die in solchen Fällen den Weg in die Selbstständigkeit wagen, ohne sich nicht vorher schon detailliert mit dem Kunden abgestimmt zu haben. Natürlich versuchen Arbeitgeber den Mitarbeitern entsprechende Klauseln in die Verträge zu schreiben, die die Mitnahme von Kunden verhindern sollen. Wurde es jedoch versäumt, dies rechtzeitig zu tun, ist es im Fall einer internen Zerrüttung kaum noch nachzuholen.

Viele Werbe- und PR-Agenturen, aber auch Unternehmensberatungen und andere Firmen, bei denen die Bindung zwischen bestimmten Kunden und Mitarbeitern besonders eng ist, versuchen dieser unfreundlichen Lösung dadurch vorzubeugen, dass sie die Mitarbeiter am Geschäftserfolg beteiligen und sie zu Partnern machen. Auch auf diesem Wege kann man vom Angestellten zum eigenen Chef werden.

Selbstständig statt arbeitslos

Wer aus der Arbeitslosigkeit heraus in die Selbstständigkeit starten möchte, hat in der Regel einige ganz spezielle Probleme, die andere Existenzgründer wie zum Beispiel diejenigen, die noch in einem festen Beschäftigungsverhältnis stehen oder ihr Studium gerade abgeschlossen haben, nur bedingt betreffen.

Wer arbeitslos ist und sich erst nach einer langen Reihe erfolgloser Bewerbungen zur Existenzgründung entschließt, ist vielfach mental angeschlagen. Denn immerhin wurde nicht nur sein Selbstwertgefühl auf eine harte Probe gestellt, häufig ist er auch durch die unzähligen Verhandlungen und Gespräche mit Behörden und potenziellen Arbeitgebern so zermürbt, dass er bei den nun auf ihn zukommenden Aufgaben schneller resigniert. Sowohl bei Banken als auch bei öffentlichen Dienststellen wird er schnell in eine bestimmte Schublade gesteckt.

Diese Defizite wird er allein kaum bewältigen können. Am besten ist es in solchen Fällen, an Seminaren und Schulungen teilzunehmen, die von den unterschiedlichsten Institutionen angeboten werden. Auf diese Weise kann man sich selbst wieder positiv erleben, und nur so kann man Selbstbewusstsein und Optimismus auch auf andere übertragen, beispielsweise in Verhandlungen.

Große Ideen und Erwartungen – aber das Geld fehlt

Ein weiteres spezielles Problem bei einem Start aus der Arbeitslosigkeit ist das meist nicht vorhandene Eigenkapital. In der Regel werden während der Arbeitslosigkeit Ersparnisse mehr oder weniger aufgezehrt, um den Lebensstandard zu halten. Dieses Kapitaldefizit kann nur schwer überbrückt werden, besonders wenn man »große Ideen« realisieren möchte, wie es häufig bei arbeitslos gewordenen Führungskräften der Fall ist. Oft muss man deshalb eine Nummer kleiner starten, als man es sich eigentlich wünscht.

Bei vielen Existenzgründern, die aus der Arbeitslosigkeit kommen, ist der Wunsch oft Vater des Gedankens. Sie erhoffen sich durch die Existenzgründung große Einnahmen und sind manchmal von erschreckender Ahnungslosigkeit. Das machen sich manchmal sowohl zwielichtige Franchise-Anbieter zunutze als auch Strukturvertriebe, die so genanntes Network-Marketing oder auch Multilevel-Marketing anbieten. Sie schüren Hoffnungen und pressen Zahlungen heraus, die in keiner vernünftigen Relation zu den Gegenleistungen stehen.

Ich-AG und Überbrückungsgeld

Arbeitslose, die einen Anspruch auf Arbeitslosengeld haben und sich selbstständig machen wollen, haben auch Anspruch auf eine Förderung. Sie können zwischen dem Überbrückungsgeld und dem Existenzgründungszuschuss, Ich-AG genannt, wählen. Jedenfalls gilt das noch bis Mitte des Jahres 2006. Dann sollen nach dem Willen der Koalitionsregierung Ich-AG und Überbrückungsgeld zu einem neuen Instrument zusammengefasst werden. Dann wird es auch neue Regelungen der Förderung geben.

Früher hatten auch diejenigen, die Anspruch auf Arbeitslosenhilfe hatten, Anspruch auf diese Förderungen. Mit der Einführung des Arbeitslosengeldes II am 1. Januar 2005 ist dieser Anspruch entfallen. Empfänger des Arbeitslosengeldes II, die sich selbstständig machen wollen, können aber ein so genanntes Einstiegsgeld zusätzlich zum Arbeitslosengeld II erhalten. Der zuständige Fallmanager bei der Agentur für Arbeit kann das Einstiegsgeld in

Form eines flexiblen Zuschusses bewilligen, wenn er es für ratsam hält. Die Höhe des Zuschusses ist nicht geregelt und wird im Einzelfall entschieden.

Das Überbrückungsgeld ist zur Sicherung des Lebensunterhalts gedacht und wird für sechs Monate gezahlt. Die Höhe des Betrages entspricht dem zu erwartenden beziehungsweise dem bisher bezogenen Arbeitslosengeld zuzüglich der Sozialversicherungsbeiträge. Etwa 75 000 Menschen beziehen zur Zeit Überbrückungsgeld. Voraussetzung für die Zahlung ist eine »fachkundige Stellungnahme« zur finanziellen und wirtschaftlichen Tragfähigkeit des Gründungskonzepts. Diese Stellungnahme kann eine Industrie- und Handelskammer, die Handwerkskammer oder auch ein Steuerberater erstellen.

Achtung!

Fragen Sie vorher nach den Kosten der Stellungnahme. Beim Steuerberater kann es teurer werden als bei der Handwerkskammer.

Gründer einer Ich-AG, die staatliche Förderung erhalten wollen, dürfen mit ihrem Kleinstunternehmen pro Jahr nicht mehr als 25 000 Euro Arbeitseinkommen (das heißt Umsatz minus Kosten) erzielen. Im ersten Jahr wird ein Existenzgründungszuschuss von monatlich 600 Euro gezahlt, falls der Anspruch weiter besteht, im zweiten Jahr monatlich 360 Euro und im dritten Jahr 240 Euro. Falls die Ich-AG die Lebenshaltungskosten (noch) nicht deckt, kann das Sozialamt den Gründern so lange einen Zuschuss zahlen, bis die Ich-AG den Lebensunterhalt sichert. Hierauf besteht aber kein Anspruch. Etwa 230 000 Menschen versuchen mit der Ich-AG den Start in die Selbstständigkeit; die Quote der Abbrecher ist hoch, und ein Drittel ist bislang gescheitert.

Seit Anfang September 2004 müssen Gründer einer Ich-AG eine Kurzbeschreibung der Geschäftsidee, einen Kapitalbedarfs- und Finanzierungsplan sowie eine Umsatz- und Rentabilitätsvorschau vorlegen. Falls sich erhebliche Zweifel an der erfolgreichen Ausübung dieser hauptberuflich angestrebten Tätigkeit ergeben, wird der Zuschuss zunächst nicht für ein volles Jahr bewilligt. Wenn Nachweise über die Geschäftstätigkeit vorgelegt werden, wird die finanzielle Förderung verlängert.

Früher durften Gründer einer Ich-AG zumindest in den ersten drei Jahren der selbstständigen Tätigkeit keine Mitarbeiter einstellen, aber das ist inzwischen geändert worden.

Während der Dauer der Förderung sind die Gründer einer Ich-AG als hauptberuflich Selbstständige in der gesetzlichen Rentenversicherung pflichtversichert. Bei der gesetzlichen Kranken- und Pflegeversicherung können sie sich freiwillig versichern.

Checkliste: Ich-AG oder Überbrückungsgeld?

- ○ **Wünschen Sie eine möglichst hohe Förderung?**
  - Wenn Sie Anspruch auf ein relativ hohes Arbeitslosengeld/Überbrückungsgeld haben (1300 Euro und mehr), sollten Sie auf jeden Fall das Überbrückungsgeld wählen. Denn der Existenzgründungszuschuss beläuft sich für drei Jahre insgesamt nur auf 14400 Euro.
  - Wenn Sie Anspruch auf ein niedriges Arbeitslosengeld/Überbrückungsgeld haben, kann die Ich-AG für Sie interessanter sein.
- ○ **Wie hoch schätzen Sie Ihren Brutto-Geschäftsgewinn?**
  - Wenn Sie davon ausgehen, dass Ihr Brutto-Geschäftsgewinn, also der Umsatz minus Kosten, im ersten oder zweiten Jahr über 25000 Euro liegen wird, müssen Sie das Überbrückungsgeld wählen.
  - Wenn Ihr Gewinn unter diesem Betrag liegen wird, können Sie sich auch für die Ich-AG entscheiden.
- ○ **Brauchen Sie das Geld für den Lebensunterhalt?**
  - Wenn Sie sofort Geld für den Lebensunterhalt brauchen, sollten Sie das Überbrückungsgeld wählen.
  - Wenn Sie eine Anlaufphase ohne Einnahmen aus Ihrem Unternehmen überbrücken können, ist auch die Ich-AG empfehlenswert.
- ○ **Brauchen Sie in der Anfangsphase Geld für kleinere Anschaffungen?**
  - Wenn das der Fall ist, sollten Sie das Überbrückungsgeld wählen.
  - Die Förderungsbeträge der Ich-AG sind so niedrig, dass Ihnen wahrscheinlich kein Geld für Anschaffungen übrig bleiben wird.

- ○ **Bevorzugen Sie eine private oder eine gesetzliche Versicherung?**
  - Wer eine private Altersvorsorge bevorzugt, sollte das Überbrückungsgeld wählen.
  - Wer dagegen Wert darauf legt, in der gesetzlichen Rentenversicherung versichert zu sein, wählt besser die Ich-AG.

Innovatoren: Ideen sichern, ausbauen, vermarkten

Wer wünscht sich das nicht: mit einer einzigen großartigen Idee eine Existenz zu gründen und dann für den Rest seines Lebens ausgesorgt zu haben? Aber so einfach ist das leider nicht. Zwar werden Innovationen heute in Deutschland von staatlicher Seite so stark gefördert wie niemals zuvor, trotzdem ist der Weg von der Idee bis zum Markterfolg länger und härter, als die meisten denken.

Auch wenn die Zahl der angemeldeten Patente von Jahr zu Jahr steigt, schaffen es letzten Endes nur die wenigsten, sich mit ihren Ideen am Markt erfolgreich durchzusetzen. Wer glaubt, dass er es bereits geschafft hat, wenn er schließlich seine Patenturkunde in der Hand hält, irrt sich gewaltig. Der Patentinhaber hat dann zwar die exklusiven Rechte für ein bestimmtes Produkt, ein Verfahren oder für eine Lösung eines bestimmten Problems – gleichzeitig hat er von da an aber auch die Konkurrenz am Hals. Deshalb verzichten zum Beispiel viele große Konzerne von vornherein darauf, bestimmte Aspekte ihrer Neuentwicklungen durch Patente abzusichern.

Häufig genug ist es nicht die Lösung an sich, die den Wert einer Idee ausmacht, sondern die Art und Weise, wie sie innerhalb eines Produktionsprozesses realisiert werden kann.

Beispiel

Eines der bekanntesten Beispiele für ein simples Produkt mit weltweit riesigem Erfolg sind die gelben Haftnotizzettel von 3M. Bisher ist es noch keinem Wettbewerber gelungen, mit alternativen Produkten 3M ernsthafte Konkurrenz zu machen. Dabei scheint alles so simpel zu sein: Man beschichtet ein Blatt Papier mit einem Klebstoff, der nicht dauerhaft klebt, und das wars auch schon, mag der Laie denken. Aber so einfach ist es eben keineswegs, wie die vergeblichen Versuche anderer Hersteller zeigen. Man darf in seinem Patent eben nicht alle Geheimnisse verraten.

Es gibt auch immer wieder Erfinder, die so stolz auf ihre Entdeckung sind, dass sie einfach nicht den Mund halten können. Ein Vortrag hier, eine kleine Veröffentlichung dort – und schon ist die Erfindung nicht mehr neu und auch nicht mehr zu schützen.

Ein anderer Fehler wird häufig gemacht, wenn Arbeitnehmer während ihrer Berufstätigkeit eine Idee haben oder sogar eine ganz konkrete Erfindung austüfteln. Sie behalten diese Idee für sich, informieren ihren Arbeitgeber nicht, kündigen stattdessen und starten mit dieser Idee in die Selbstständigkeit. Dann kann es selbst viele Jahre danach noch ein böses Erwachen geben, wenn nämlich der frühere Arbeitgeber dahinterkommt, dass ihm diese Erfindung nicht gemeldet wurde und sein früherer Arbeitnehmer ihm nicht die Möglichkeit einräumte, die Idee zu realisieren.

Das richtige Verfahren wäre hingegen, dem Arbeitgeber die Erfindung schriftlich zu melden und ihm die Möglichkeit zu geben, innerhalb von vier Monaten zu erklären, ob er von der Idee Gebrauch machen will oder nicht. Unterlässt der Arbeitgeber dies, dann kann der Arbeitnehmer frei über seine Idee verfügen. Das Arbeitnehmer-Erfindergesetz definiert nämlich seit 2002 ganz exakt, dass die Erfindungen eines Hochschulprofessors oder eines anderen Mitarbeiters an einer Hochschule nicht sein persönliches Eigentum sind, sondern das seines Arbeitgebers.

Oft genug ist eine Idee allein noch nicht patentfähig. Sie muss erst praxistauglich gemacht werden, und dazu ist für die meisten Erfinder eine externe Unterstützung notwendig. Auch hierbei sollte man sich genauestens beraten lassen und auf jeden Fall eine so genannte Geheimhaltungsvereinbarung abschließen, um das anschließende Patentierungsverfahren nicht zu gefährden.

Ohne Informationen geht es nicht

Viele Erfinder und Innovatoren stecken viel Zeit und Geld in die Entwicklung einer Idee, ohne sich vorher ausreichend darüber zu informieren, was aktuell am Markt und bei der Konkurrenz passiert. Am Ende müssen sie feststellen, dass ihre Neuentwicklung gar nicht so neu ist und dass die Marktchancen deutlich geringer sind als erwartet, weil andere, parallel entwickelte Lösungen vielleicht billiger oder leistungsfähiger sind.

Es kommt also immer darauf an, sich kontinuierlich Informationen darüber zu beschaffen, was es nicht nur in Deutschland, sondern weltweit an Neuentwicklungen in dem jeweiligen Bereich gibt. Diese Aufgabe übernehmen für große Firmen hoch spezialisierte Informationsbroker, die systematisch alle verfügbaren Datenbanken durchstöbern.

Es ist also sinnvoll, wenn sich jeder, der seine Existenz auf einer neuen Idee aufbauen will, folgende Fragen stellt:

- Wie ist der derzeitige Stand der Technik?
- Wo und auf welchen Gebieten werden neue Problemlösungen benötigt?
- Welche Lösungen gibt es bereits für das Problem, das mit der eigenen Erfindung gelöst werden soll?
- Welche Mitbewerber arbeiten auf dem gleichen Gebiet oder an ähnlichen Problemen?
- Welche Schutzrechte sind bereits angemeldet worden und wo besteht die Gefahr von Schutzrechtskollisionen?

Hilfen für Erfinder

Die Probleme, die sich bei der Existenzgründung mit einer neuen Idee ergeben, müssen Erfinder in Deutschland aber nicht ganz allein lösen. Hilfe finden sie zum Beispiel im Internet unter der Adresse www.insti.de. Hinter der Bezeichnung INSTI (eine Abkürzung für Innovationsstimulierung) steht ein Projekt, das vom Bundesministerium für Bildung, Wissenschaft, Forschung und Technologie (BMBF) schon 1995 ins Leben gerufen wurde.

INSTI verfolgt das Ziel, die Nutzung von Patentinformationen zu steigern sowie ein erfinder- und innovationsfreundliches Klima zu schaffen. Dafür besteht heute bereits ein bundesweites und hoch qualifiziertes Dienstleistungsnetzwerk für alle Phasen des Innovationsprozesses. Verschiedene öffentliche Förderprogramme sollen den Existenzgründer unterstützen. Das kann über Zuschüsse zu den verschiedensten Beratungsformen erfolgen, aber auch durch Zuschüsse zur schutzrechtlichen Sicherung und Verwertung von Erfindungen oder durch Darlehen für die Patentierung und Vermarktung von Erfindungen.

Ein anderer Weg führt über die Zusammenarbeit mit einem Technologie- oder Gründerzentrum. Diese sind im Bundesverband Deutscher Technologie- und Gründerzentren e.V. (ADT) zusammengefasst. Die Internetadresse lautet www.adt-online.de. Die 181 Innovations-, Technologie- und Gründerzentren sowie Innovations-, Technologie- und Wissenschaftsparks bieten momentan rund 7 500 Unternehmen Arbeitsmöglichkeiten. Insgesamt sind dort etwa 56 000 Mitarbeiter tätig. Es wurden bislang rund 16 000 erfolgreiche Unternehmensgründungen durchgeführt und zirka 150 000 neue Arbeitsplätze geschaffen. Die Überlebensquote von Gründern in diesen Zentren liegt bei über 90 Prozent, und mehr als 8 000 Unternehmen haben sich bisher erfolgreich aus den Zentren ausgegründet und über 90 000 Arbeitsplätze geschaffen. Diese Daten sprechen für die hohe Professionalität, mit der dort gearbeitet wird.

Wer im Bereich des E-Business mit seinen Ideen aktiv werden möchte, findet im Projekt PROZEUS Unterstützung, das vom Bundeswirtschaftsministerium gefördert wird (www.prozeus.de).

Wenn es um die Vermarktung von Ideen geht, ist die von INSTI unterstützte Plattform InnovationMarket (www.innovation-market.de) schon seit Jahren sehr hilfreich. Dort gibt es zum Beispiel Rubriken wie »Innovation sucht Kapital« oder auch »Innovation sucht Unternehmen«. Verschiedene »Summaries« beschreiben nicht nur die Erfindung und die Idee, sondern geben auch Auskunft über den Kunden- und Produktnutzen, die Entwicklungsmöglichkeiten zu einer Produktfamilie, den Produktstand, das Verwertungskonzept sowie eine Zahlendarstellung, den Standort des Inserenten und eine Kontaktadresse. Man findet dort Innovationen aus den verschiedensten Branchen und zu den verschiedensten Produkten, die auch höchst unterschiedliche geplante Umsätze versprechen: Manche liegen bei unter 1 Million Euro, andere rechnen mit Umsätzen von 50 Millionen Euro und mehr.

Von der Universität in die Selbstständigkeit

Immer mehr Studenten beginnen ihren Weg in die Selbstständigkeit zunächst über eine Nebenerwerbsgründung. Dabei müssen sie allerdings einige besondere Regeln beachten.

Die meisten Studenten sind bis zur Vollendung ihres 25. Lebensjahres über ihre Eltern familienversichert. Diese Form der sozialen Absicherung kann auch bestehen bleiben, wenn sie ihre selbstständige Tätigkeit nicht hauptberuflich ausüben und die monatlichen Einnahmen nicht höher als 340 Euro sind. Wenn man jedoch die Qualifikation und die Einsatzbereitschaft solcher nebenberuflichen Gründer mit ins Kalkül zieht, kann man davon ausgehen, dass ihr Einkommen schnell diese Grenze überschreiten wird – und dann endet die beitragsfreie Familienversicherung.

Sind sie weiter hauptberuflich Student, müssen sie selbst eine Krankenversicherung abschließen. Die Beiträge zur Kranken- und Pflegeversicherung sind für sie auf einen festen Satz festgelegt und orientieren sich nicht am Einkommen. Studieren sie jedoch nur noch nebenher und betrachten ihre Selbstständigkeit als Hauptberuf, dann gelten für sie die gleichen Regeln wie für alle anderen Existenzgründer auch.

BAföG-Zahlungen werden im Prinzip nur geleistet, wenn die Ausbildung die Arbeitskraft des Auszubildenden generell voll in Anspruch nimmt, also mindestens 40 Wochenstunden erfordert. Hier wird man sich also zwischen BAföG-Bezug und Selbstständigkeit entscheiden müssen.

Hilfen für Hochschulabsolventen

Ein spezielles Programm des Bundesministeriums für Bildung und Forschung trägt den Namen EXIST und fördert die Gründungen von Hochschulabsolventen aller Fachrichtungen. Informationen dazu gibt es im Internet unter www.exist.de.

Seit dem 1. Januar 2005 wird bundesweit ein Programm zur direkten Gründungsunterstützung mit dem Namen EXIST-Seed angeboten. Dieses Programm richtet sich an noch Studierende, junge wissenschaftliche Mitarbeiter an den Hochschulen und Absolventen bis drei Jahre nach dem Hochschulabschluss. Es bietet diesen Zielgruppen eine direkte Unterstützung für die Entwicklung und Ausarbeitung ihrer Geschäftsidee als Vorbereitung der eigenen Unternehmensgründung.

EXIST-Seed sichert für maximal ein Jahr den Lebensunterhalt der werdenden Gründer, indem es den Absolventen eine Vergütung in Höhe einer halben BAT-Stelle gemäß der Tarifgestaltung der jeweiligen Hochschule zahlt. Noch Studierende können eine Unterstützung von maximal 10 000 Euro bekommen, zuzüglich weiterer Mittel für Coaching, Beratung und Sachausgaben.

Das Besondere am EXIST-Seed-Programm ist, dass diejenigen, die sich um eine Unterstützung bewerben, noch keinen fertig ausgearbeiteten Geschäftsplan vorlegen müssen, sondern diesen erst innerhalb des Programms erarbeiten, wobei sie sich allerdings verpflichten müssen, an bestimmten Coaching-Angeboten teilzunehmen, bei denen die bei Studenten in der Regel bestehenden Wissenslücken gefüllt werden.

Die meisten Hochschulabsolventen haben zwar ein großes Fachwissen, aber kaum kaufmännische Kenntnisse. Auch wenn die Ideen gut und tragfähig sind, fehlen häufig Kenntnisse darüber, wie man mit Produkten oder Dienstleistungen am Markt aktiv werden kann. Auch Themen wie Vertrieb oder Kooperationen sind bei Studenten häufig nicht so gut bekannt, wie es für eine erfolgreiche Existenzgründung notwendig wäre.

In der Gründerdatenbank von EXIST finden sich rund 400 Beispiele für Gründungen, die bisher innerhalb der EXIST-Netzwerke stattfanden. Diese Beispiele bieten nicht nur zahlreiche Anregungen und Kontakte, sondern zeigen auch die Vielfalt der studentischen Aktivitäten auf. Manche schließen direkt an das Studium an, wie zum Beispiel die Existenzgründung einer Übersetzerin für Schwedisch und Dänisch, andere frühere Studenten geben ihr Know-how im Rahmen von Schulungen und Seminaren weiter oder bieten EDV-Dienstleistungen an.

Vom Angestellten zum Inhaber: Unternehmensnachfolge in kleinen und mittleren Unternehmen

Jedes Jahr stehen in Deutschland rund 71000 Unternehmen vor dem Problem, eine Nachfolgelösung zu finden. Der größte Teil davon sind kleine und mittlere Unternehmen, vor allem Familienunternehmen. 14200 Betriebe jährlich werden an Externe verkauft, etwa 7100 an Mitarbeiter des Unternehmens weitergegeben. Immer häufiger finden Familienunternehmen auch externe Manager, die das Unternehmen im Angestelltenstatus weiterführen. Aber es bleiben jährlich 5900 Betriebe, die schließen müssen, weil sie keinen Nachfolger finden.

Einen bestehenden Familienbetrieb oder ein anderes kleineres Unternehmen zu übernehmen, ist in vielen Bereichen eine durchaus attraktive Alternative zur Neugründung. Die Vorteile liegen auf der Hand: Das Geschäftskonzept hat sich bereits seit Jahren nicht nur auf dem Papier, sondern auch in der Praxis bewährt. Doch man sollte auch die möglichen Nachteile, Risiken oder Probleme in die Entscheidungsfindung mit einbeziehen. In der folgenden Übersicht finden Sie die Vor- und Nachteile zusammengefasst:

Übersicht: Vor- und Nachteile einer Übernahme eines bestehenden Unternehmens

Vorteile

- Sie müssen nicht von Null anfangen.
- Es gibt bereits Erfahrungen, auf denen Sie aufbauen können.
- Die Produkte oder die Dienstleistungen sind bereits im Markt eingeführt.
- Das Unternehmen ist bereits bekannt.
- Es gibt einen Kunden- und Lieferantenstamm.
- Es gibt qualifizierte Mitarbeiter.
- Geschäfts- und Produktionsräume sind bereits vorhanden.
- Benötigte Anlagen, Ausrüstungen und Geschäftsausstattung sind bereits vorhanden.

Nachteile

- Bestehende Familienbetriebe sind oft sehr stark auf den Inhaber zugeschnitten. Die Mitarbeiter sind auf den bisherigen Chef fixiert.
- Betriebliche Veränderungen, Erneuerungen und Verbesserungen sind schwer durchzusetzen. Sie stoßen zunächst bei den Mitarbeitern möglicherweise auf Widerstand, der bis zur Arbeitsverweigerung gehen kann.
- Das zu übernehmende Personal entspricht nicht den neuen Anforderungen.
- Bestimmte Kunden sind auf den bisherigen Unternehmer und auf seine bisherige Angebotspalette fixiert. Es kann sein, dass Veränderungen bei den Produkten oder Dienstleistungen von diesen Kunden nicht akzeptiert werden.
- Der Kaufpreis ist zu hoch.
- Zwischen Beginn der Suche nach einem geeigneten Objekt und der endgültigen Übergabe können durchaus fünf Jahre vergehen.
- Die wirtschaftliche Situation des Betriebes wird falsch eingeschätzt beziehungsweise vom Verkäufer falsch dargestellt.

- Der zukünftige Finanz- und Investitionsbedarf wird falsch eingeschätzt.
- Es werden bestehende Haftungs- und Altlastenrisiken übernommen.

Wenn Sie ein geeignetes Unternehmen suchen, können Sie sich im Internet unter www.nexxt.org informieren: »nexxt Initiative Unternehmensnachfolge« ist eine gemeinsame Initiative des Bundesministeriums für Wirtschaft und Arbeit, der KfW Mittelstandsbank sowie Vertretern von verschiedenen Verbänden, Institutionen und Organisationen der Wirtschaft, des Kreditwesens und der Freien Berufe. Sie bietet Hilfestellung beim Führungswechsel in Unternehmen und vermittelt über eine Unternehmensbörse den Kontakt zwischen Anbietern von Unternehmen und Kaufinteressierten.

Eine Unternehmensbörse und Nachfolgechecks bietet auch www.change-online.de. Darüber hinaus können Sie sich über die Industrie- und Handelskammern oder die Handwerkskammer darüber informieren, welche Unternehmen zum Verkauf stehen.

Das Unternehmen kennen lernen

Falls Sie Interesse an einem bestimmten Unternehmen haben, sollten Sie sich vom Verkäufer eine genaue Objektbeschreibung geben lassen und diese intensiv prüfen. Erstellen Sie dann eine möglichst umfassende, detaillierte Analyse des Unternehmens, der finanziellen Situation, des Ertragspotenzials, der Marktposition und des Wettbewerbs. Stellen Sie dem Verkäufer Fragen zu den folgenden Themen und versuchen Sie möglichst den Wahrheitsgehalt der Antworten zu überprüfen.

Checkliste: Danach sollten Sie den Verkäufer fragen

1. Grund, weshalb er verkaufen will

○ Sind die vom Verkäufer genannten Gründe glaubhaft und nachvollziehbar?

- ○ Hat er das Unternehmen heruntergewirtschaftet oder braucht er aus anderen Gründen Geld?
- ○ Wie lange wird das Unternehmen schon angeboten?
- ○ Gibt es weitere Interessenten?

2. Gewünschter Übernahmepreis

- ○ Wie hoch ist der geforderte Preis?
- ○ Falls der genannte Preis stark von Ihren Vorstellungen abweicht: Wie wird die Höhe begründet?

3. Standort des Unternehmens

- ○ Ist es von Kunden und Lieferanten gut zu erreichen?
- ○ Sind genügend Parkplätze vorhanden?
- ○ Befindet sich das Unternehmen in gemieteten Räumen, die der bisherige Eigentümer vielleicht verkaufen will?
- ○ Wie wird sich der Standort in Zukunft entwickeln?
- ○ Wie sieht die Bebauungsplanung aus?
- ○ Wird eine Umgehungsstraße oder ein neues Gewerbegebiet geplant, das Sie von den Kunden abschneidet?
- ○ Finden bald städtebauliche Veränderungen statt?
- ○ Wie hoch ist die Gewerbesteuer?
- ○ Ist das Grundstück eventuell altlastenverdächtig?

4. Ruf des Unternehmens

- ○ Welchen Eindruck macht das äußere Erscheinungsbild des Unternehmens auf Sie?
- ○ Wie stellt sich das Unternehmen in der Öffentlichkeit und in Publikationen dar?
- ○ Sind die Kunden mit dem Unternehmen zufrieden?
- ○ Sind die Lieferanten mit dem Geschäftsgebaren und der Zahlungsmoral zufrieden?

5. Zustand der Betriebsstätten, Betriebsanlagen, Geschäftsräume und Geschäftsausstattung sowie gegebenenfalls des Fuhrparks

- In welchem Zustand befinden sich die Räume?
- Entsprechen die Anlagen und Maschinen dem aktuellen Stand?
- Welche Investitionskosten kommen auf Sie in den nächsten Jahren zu?

6. Rechtsform, Gesellschaftervertrag und Beteiligungsverhältnisse

- Welche Rechtsform hat das Unternehmen?
- Welche Gesellschafter gibt es und wie ist die Haftung geregelt?
- Soll oder kann das Unternehmen nach einer Übernahme in derselben Rechtsform und unter demselben Namen weitergeführt werden?

7. Unternehmensbezogene Rechte, gewerbliche Schutzrechte, Urheberrechte, Lizenzverträge

- Welche Schutzrechte gibt es?
- Wer ist Inhaber der Schutzrechte?
- Gehen die Schutzrechte beim Kauf auf den Käufer über?

8. Mitarbeiter, die übernommen werden sollen

- Um wie viele Mitarbeiter handelt es sich?
- Wer hat welche Funktion, wie ist ihre Qualifikation?
- Wie ist deren Altersstruktur?
- Seit wann sind sie im Unternehmen?
- Wie werden sie bezahlt? Welche tariflichen und außertariflichen Regelungen gibt es?
- Welche Pensionszusagen gibt es?
- Wurden alle Löhne und Gehälter bezahlt?
- Wurden alle Sozialversicherungsbeiträge fristgerecht überwiesen?

9. Marktanteil, Kundenart und -anzahl

- Welchen Marktanteil hat das Unternehmen, wer sind die Konkurrenten?
- Wie viele Kunden gibt es, welche sind die umsatzstärksten?
- Besteht eine Abhängigkeit von wenigen Großkunden?
- Wie ist die Zahlungsmoral der Kunden?
- Welche Zahlungsmodalitäten sind vereinbart worden?

10. Kosten- und Ertragsstruktur, betrieblicher Erfolg

- Wie war das Verhältnis von Gewinn und Verlust in den vergangenen Jahren? Wie ist es zur Zeit?
- Wie ist das Verhältnis von Vermögen und Schulden?
- Sind die Erträge hoch genug, um notwendige Ersatz- und Erweiterungsinvestitionen vornehmen zu können?
- Wie steht das Unternehmen im Vergleich zur Konkurrenz da?
- Gab es in den vergangenen Jahren eine kontinuierliche Entwicklung?

11. Innovationspotenzial

- Ist die Produktpalette oder Dienstleistung innovativ oder muss sie auf den neuesten Stand gebracht werden?

12. Lieferanten

- Welche Lieferanten gibt es und welche sind die wichtigsten?
- Welche Lieferverträge gibt es?
- Wie sind die Zahlungsmodalitäten und Laufzeiten?
- Wie oft gab es Reklamationen wegen mangelnder Qualität oder Pünktlichkeit? Bestehen Verbindlichkeiten gegenüber Lieferanten?

13. Bestehende Versicherungsverträge

- Welche Versicherungsverträge gibt es?

- Sind alle wichtigen betrieblichen Risiken abgedeckt? Besteht Über- oder Unterdeckung?
- Wie oft gab es Schadensfälle?

14. Sonstige vertragliche Bindungen

- Gibt es sonstige vertragliche Bindungen?

Das Zukunftspotenzial abschätzen und den Unternehmenswert ermitteln

Betrachten Sie nicht nur die in der Vergangenheit erzielten Umsatz- und Ertragszahlen, sondern versuchen Sie auch die zukünftigen Umsatz-, Kosten-, Investitions- und Ergebnispotenziale zu ermitteln, möglichst für einen Zeitraum von zehn Jahren.

Egal, wie klein das Unternehmen ist: Um eine Fehlentscheidung zu vermeiden, nehmen Sie bei der Unternehmensanalyse auf jeden Fall die Hilfe von externen Beratern in Anspruch. Das Geld, das Sie dafür ausgeben, ist gut angelegt. Klären Sie nicht nur die betriebswirtschaftlichen, sondern auch die steuerlichen und rechtlichen Aspekte.

Die Unternehmensanalyse bildet die Grundlage für die Ermittlung des Unternehmenswertes und damit zur Festsetzung des Kaufpreises. Es ist aber ein Irrtum zu glauben, dass es einen ganz bestimmten, absolut richtigen Wert für ein Unternehmen gäbe, denn in die Bewertung fließen neben den objektiven Fakten immer auch subjektive Wertvorstellungen ein. So können Sie davon ausgehen, dass der Verkäufer den Wert seines Unternehmens in der Regel höher einschätzen wird, als Sie es tun und er in Wirklichkeit wahrscheinlich auch ist.

In der Betriebswirtschaftslehre gibt es verschiedene Methoden zur Berechnung eines Unternehmenswertes. Im Folgenden finden Sie die wichtigsten – Vergleichswertverfahren, Ertragswertmethode, Substanzwertmethode und Multiplikatorverfahren – kurz erklärt.

Vergleichswertverfahren Beim Vergleichswertverfahren werden die Preise herangezogen, die bei Transaktionen von ähnlichen Unternehmen aus derselben Branche bezahlt worden sind. Die Ähnlichkeit bezieht sich dabei auf die folgenden Faktoren:

- Unternehmensgröße
- Zusammensetzung der Vermögensbestandteile und der Kapitalstruktur
- Rechtsform
- Kundenstruktur und Lieferantenspektrum
- Qualifikation und Gehaltsniveau der Mitarbeiter
- Diversifikationsgrad
- Käuferpotenzial
- Region

In einzelnen Branchen sind spezielle Vergleichszahlen üblich, zum Beispiel Hektoliter bei Brauereien, Konzessionen, Filialen oder auch Quadratmeter, Umsatz oder Rohgewinn.

Beim Kauf kleiner Unternehmen reichen in der Regel Vergleichswerte als Ausgangsbasis für Preisverhandlungen aus und man kann sich die komplizierteren Wertermittlungsmethoden ersparen. Um die notwendigen Informationen einzuholen, wenden Sie sich am besten an Berufsverbände und die entsprechenden Industrie- und Handelskammern, die Handwerkskammer oder an spezialisierte Unternehmensberater.

Ertragswertmethode Bei der Ertragswertmethode versucht man zu errechnen, wie viel Gewinn das Unternehmen in Zukunft – in der Regel in den kommenden fünf Jahren – erwirtschaften wird. Auf diese Weise wird ermittelt, wie hoch der Kaufpreis sein darf, um mit dem eingesetzten Kapital eine ausreichende Verzinsung zu erreichen.

Der so genannte Ertragswert setzt sich zusammen aus den geschätzten zukünftigen Erträgen der folgenden fünf Jahre und dem Kapitalisierungszinsfuß, mit dem die geschätzten Erträge abgezinst werden.

Die zukünftigen Erträge schätzt man, indem man die Betriebsergebnisse der vergangenen drei Jahre nimmt, davon einen kalkulatorischen Unternehmerlohn sowie außerordentliche Erträge abzieht (Zuschüsse, nicht abzugsfähige Betriebsausgaben) und die außerordentlichen Aufwendungen (Sonderabschreibungen, Spenden und so weiter) zurechnet. So erhält man das durchschnittliche Betriebsergebnis. Dieses muss nun noch mit dem so genannten Kapitalisierungszinsfuß abgezinst werden, der sich seinerseits aus einem Zinssatz für risikolose Kapitalanlagen und einem Aufschlag für das Unternehmerrisiko zusammensetzt.

Je nachdem, welchen Kapitalisierungszinssatz und welche zeitliche Begrenzung der Abzinsung man verwendet, kann man zu sehr unterschiedlichen Wertergebnissen kommen.

Substanzwertmethode Die Substanzwertmethode kann auch bei kleineren Unternehmen angewendet werden. Dabei geht man der Frage nach, was es kosten würde, das Unternehmen mit seinen aktuellen Vermögensgegenständen im aktuellen Zustand neu zu errichten. Betriebsnotwendiges Vermögen wird mit den Wiederbeschaffungskosten bewertet, und nicht betriebsnotwendiges Vermögen mit dem zu erzielenden Veräußerungspreis, also dem Marktwert. Den Substanzwert eines Unternehmens erhält man, wenn man vom Gesamtwert der Vermögensgegenstände die bestehenden Schulden abzieht.

Ertragswertmethode und Substanzwertmethode werden in der Praxis meist kombiniert. In der Regel bestimmt der Ertragswert dabei zu 90 Prozent und der Substanzwert nur zu 10 Prozent den Kaufpreis.

Multiplikatorverfahren In einer ganzen Reihe von Freien Berufen, zum Beispiel bei Ärzten, Steuerberatern, Rechtsanwälten oder Architekten, ist es üblich, das so genannte Multiplikatorverfahren für die Kaufpreisermittlung anzuwenden. Das geht ganz einfach dadurch, dass man den Umsatz mit einem branchenüblichen Faktor multipliziert. Diesen Faktor kann man in den Kammern erfragen.

Den Kaufvertrag abschließen

Beim Verkauf eines Einzelunternehmens ist eine notarielle Beurkundung zwar nicht vorgeschrieben, jedoch dringend zu empfehlen. Falls ein Grundstück mit verkauft wird, muss der Kaufvertrag ohnehin notariell abgeschlossen werden. Das gilt auch bei der Übertragung von Anteilen an einer GmbH. Vor dem Kauf eines Unternehmens sollten Sie jedoch darauf achten, dass Ihnen folgende Unterlagen komplett vorliegen:

Checkliste: Unterlagen, die Sie vor dem Verkaufsabschluss brauchen

- O Negativbescheinigung des Finanzamts, dass bis zum Stichtag der Übertragung keine betrieblichen Steuerschulden bestehen
- O Bestätigung, wonach eine Betriebsprüfung vom Finanzamt durchgeführt wurde
- O Inventarliste aller Gegenstände des Unternehmens
- O Unbedenklichkeitsbescheinigung des Finanzamts, dass alle öffentlichen Abgaben für das Grundstück bis zum Stichtag bezahlt worden sind (wenn die Geschäftsräume Eigentum des Unternehmens sind)
- O bei Mietobjekten Zustimmung des Vermieters
- O Zustimmung der Versicherungsgesellschaft und der Lieferanten
- O falls weitere Gesellschafter vorhanden, schriftliche Zustimmung
- O falls Mitarbeiter übernommen werden sollen, Zustimmung
- O Bestätigung der Sozialversicherung, dass alle Beiträge abgeführt wurden
- O sämtliche Arbeitsverträge
- O Liste aller Lieferverträge, Vertriebsverträge und Kooperationsverträge
- O sämtliche Kundendateien
- O Liste angenommener, aber noch nicht ausgeführter Aufträge
- O Auflistung sämtlicher gewerblicher Schutzrechte
- O Liste aller Versicherungs- und Leasingverträge
- O Kreditverträge, die übernommen werden sollen
- O Bestätigung, dass keine schwebenden gerichtlichen und außergerichtlichen Auseinandersetzungen existieren (Prozessklausel)

Dann kann es darangehen, den Kaufvertrag aufzusetzen. Bevor Sie ihn unterschreiben, achten Sie darauf, dass im Vertrag die folgenden Punkte behandelt werden:

Checkliste: Das sollte beim Unternehmenskauf im Vertrag stehen

- ○ Was genau wird verkauft? Unternehmensbeschreibung, Grundstücke, Gebäude und vollständige Inventarliste.
- ○ Zu welchem Stichtag geht das Eigentum auf den Käufer über?
- ○ Soll das Unternehmen unter dem derzeitigen Namen weitergeführt werden?
- ○ Wie hoch ist der Kaufpreis?
- ○ Wie soll der Preis gezahlt werden: auf einmal oder in Raten? Bei Ratenzahlungen sollten Sicherheiten aufgeführt werden.
- ○ Wann ist der Kaufpreis beziehungsweise sind die Raten fällig?
- ○ Wie hoch sind die Erträge am Stichtag?
- ○ Wie hoch sind die Forderungen und Verbindlichkeiten am Stichtag?
- ○ Wie gehen Käufer und Verkäufer mit Forderungen und Verbindlichkeiten um, die am Stichtag eingehen?
- ○ Liegt eine Bestätigung des Finanzamts vor, dass eine Betriebsprüfung durchgeführt wurde?
- ○ Wurde eine Vertragsstrafe vereinbart für den Fall, dass sich bei einer späteren Betriebsprüfung Nachlässigkeiten des Altinhabers herausstellen?
- ○ Wurde vereinbart, dass der Verkäufer für eventuell nachträglich aufgedeckte Altlasten haftet?
- ○ Wie viele Mitarbeiter werden übernommen?
- ○ Wurden die Mitarbeiter über den Unternehmensverkauf und die damit verbundenen möglichen Konsequenzen informiert?
- ○ Haben Mitarbeiter von ihrem Widerspruchsrecht Gebrauch gemacht?
- ○ Stimmen gegebenenfalls Vermieter, Versicherungsgesellschaft, Lieferanten usw. der Übertragung zu? (Gilt nur für Einzelunternehmen und Personengesellschaften.)
- ○ Unter welchen Bedingungen kann der Käufer vom Vertrag zurücktreten?
- ○ Ist die Konkurrenzklausel enthalten, wonach der Verkäufer keine gleichartige Tätigkeit vor Ort aufnehmen darf?
- ○ Welche Vertragsstrafe ist fällig, falls der Verkäufer sich nicht an die Konkurrenzklausel hält?

○ Ist die so genannte salvatorische Klausel enthalten, nach der alle Klauseln ihre Gültigkeit behalten, auch wenn eine der aufgeführten Klauseln unwirksam wird?

Haftungsaspekte beachten

Ein wichtiger Punkt des Kaufvertrages ist die Regelung der Haftungsrisiken. Beim Erwerb von Anteilen einer Kapitalgesellschaft oder einer Kommanditgesellschaft ist die Haftung per Gesetz auf die eingebrachte Einlage beschränkt. Davon abgesehen sollten Sie aber eine Reihe von Punkten beachten, um das Haftungsrisiko beim Kauf eines Unternehmens möglichst gering zu halten.

Haftung für nicht eingezahlte GmbH-Geschäftsanteile Beim Kauf von GmbH-Geschäftsanteilen haftet der Käufer für noch nicht eingezahlte Stammeinlagen. Gesamtschuldnerisch haften Käufer und Verkäufer für Stammeinlagen, die zu dem Zeitpunkt, als die Abtretung der Geschäftsanteile bei der Gesellschaft angemeldet wurden, aber noch nicht bezahlt waren.

Haftung gegenüber Altgläubigern Falls eine Kommanditeinlage beim Rechtsübergang auf den Erwerber nicht oder nicht vollständig bezahlt wurde, haften – auch bei Eintragung des Rechtsnachfolgevermerks – Käufer und Verkäufer als Gesamtschuldner gegenüber Altgläubigern.

WISO rät

Nehmen Sie die Regelung in den Kaufvertrag auf, dass nur der Verkäufer gegenüber den Altgläubigern des Unternehmens haftet.

Achtung!

Wenn bei einem Einzelunternehmen der Käufer das Unternehmen unter dem alten Namen weiterführen will, geht er ein hohes Haftungsrisiko ein. Er haftet nämlich dann für alle im Betrieb des Ge-

schäfts begründeten Verbindlichkeiten des früheren Inhabers, und zwar mit seinem gesamten Vermögen und nicht etwa nur bis zur Höhe des Kaufpreises. Diese Regelung (§ 25 HGB) gilt auch dann, wenn trotz Namenszusätzen der Name Kontinuität vermittelt.

Bei der Weiterführung des Namens reicht eine bloße Vereinbarung zwischen Verkäufer und Käufer, dass Letzterer nicht für die Verbindlichkeiten haftet, nicht aus. Der Unternehmensnachfolger kann sich entweder durch Eintragung ins Handelsregister und Bekanntmachung dieser Haftung gegenüber den Altgläubigern entziehen – dabei müssen Eintragung und Bekanntmachung allerdings unverzüglich bei der Übernahme erfolgen –, oder er muss den Namen der Firma ändern.

Haftung für betriebliche Steuerschulden Der Käufer übernimmt alle betrieblichen Steuerschulden des Altinhabers, die im Kalenderjahr vor der Übertragung entstanden sind. Dazu gehören Umsatzsteuer, Gewerbesteuer, Lohnsteuer, betriebliche Kfz-Steuer und so weiter. Die Haftung für Steuerschulden, die maximal die Höhe des Unternehmenswertes erreichen kann, kann vertraglich nicht ausgeschlossen werden. Deshalb ist für den Käufer wichtig, sich eine Negativbescheinigung des Finanzamts vorlegen zu lassen, dass keine Steuerschulden bestehen.

Haftung für Löhne und Gehälter Der Käufer haftet für alle Forderungen, die sich aus den bestehenden Arbeitsverträgen ergeben. Dazu gehören insbesondere Lohn- und Gehaltsschulden, nicht aber unbezahlte Sozialversicherungsbeiträge. Falls mit Mitarbeitern, die nach der Übertragung aus dem Unternehmen ausscheiden, eine Abfindungszahlung vereinbart wurde, muss der Käufer diese zahlen.

Haftung im Rahmen der Garantiebestimmungen Im Rahmen der Garantiebestimmungen haftet der Nachfolger für Produkte und Leistungen, die vor der Übertragung geliefert beziehungsweise ausgeführt wurden. Es bietet sich deshalb an, eine Freistellungserklärung in den Kaufvertrag aufzunehmen, die zwischen Käufer und Verkäufer klärt, wer im Innenverhältnis haftet.

Steuerliche Aspekte beim Kauf eines Einzelunternehmens oder einer Personengesellschaft

Beim Kauf eines Einzelunternehmens oder einer Personengesellschaft ist keine Umsatzsteuer fällig. »Entgeltliche oder unentgeltliche Geschäftsveräußerungen im ganzen unterliegen nicht der Umsatzsteuer« (§ 1 Abs. 1a Umsatzsteuergesetz). Wenn Grundstücke oder Immobilien mitverkauft werden, ist die Grunderwerbsteuer fällig.

Im Kaufpreis für ein Unternehmen sind in der Regel das Anlagevermögen und das Umlaufvermögen enthalten. Zum Umlaufvermögen gehören zum Beispiel Forderungen, Bankguthaben und Betriebsstoffe. Aus steuerlicher Sicht ist das Anlagevermögen entscheidend, zu dem Produktionsanlagen, Maschinen und Fahrzeuge gehören. Genau genommen geht es um die Summe der Buchwerte der einzelnen Wirtschaftsgüter des Anlagevermögens, das heißt der nach den bereits durchgeführten Abschreibungen verbuchten Werte. Dabei gibt es drei verschiedene Möglichkeiten:

1. Ist der Kaufpreis des Unternehmens genauso hoch wie die Summe der Buchwerte der Wirtschaftsgüter, dann schreibt der Käufer die Wirtschaftsgüter ganz normal weiter ab.
2. Überschreitet der Kaufpreis nicht die Buchwerte plus der darin enthaltenen stillen Reserven, können auch die Buchwerte der stillen Reserven über die Dauer der Restnutzung der damit verbundenen Wirtschaftsgüter abgeschrieben werden. Dies gilt aber nur für stille Reserven, die »abnutzbare Wirtschaftsgüter« sind, wie zum Beispiel Immobilien, nicht aber Grundstücke.
3. Wenn der Kaufpreis höher ist als die Buchwerte der Wirtschaftsgüter plus der stillen Reserve, kann die Differenz als Firmen- oder Geschäftswert über einen Zeitraum von 15 Jahren von der Einkommensteuer abgeschrieben werden.

Bei einer Fremdfinanzierung des Unternehmenskaufs kann der Käufer die Zinsaufwendungen als Betriebsausgaben steuerlich absetzen.

Von Erfahrungen anderer lernen: Ein Beispiel aus der Praxis

Die »Teekampagne« ist eine prominente und erfolgreiche Gründung. Auch wir bei WISO haben über dieses ungewöhnliche Unternehmen schon berichtet: die Projektwerkstatt »Teekampagne«. Der Beginn war vor mehr als 20 Jahren. Damals, 1985, stand ein Wirtschaftsprofessor vor der Frage, wie er seinen Studenten den Schritt von der Theorie zur Praxis nahe bringen könnte. Der Wissenschaftler war Professor Dr. Günter Faltin, Volkswirt und Inhaber eines Lehrstuhls an der Freien Universität Berlin. Ihn nervte der Vorwurf, dass die Universität zwar gut sei für die Forschung und die Lehre, nicht jedoch für das Leben und das Wirtschaften draußen in der Welt. Er gründete eine Projektwerkstatt und suchte nach der richtigen »Geschäftsidee«, um zu zeigen, wie es funktioniert. Dabei ging es ihm nicht um ein neues zu vermarktendes Produkt oder eine völlig neue Dienstleistung. Es ging vielmehr darum aufzuzeigen, dass auch in einer durchstrukturierten Wirtschaft Nischen zu finden sind, in denen man erfolgreich sein kann. Es war der Beginn einer Erfolgsgeschichte.

Heute ist die »Teekampagne« weit mehr als nur das größte Teeversandhaus Deutschlands: Im indischen Anbaugebiet hat diese Unternehmung für Bewegung gesorgt, für einen sorgsamen Umgang mit der Natur und für eine Kontrolle des inflationär gebrauchten Begriffs »Darjeeling«-Tee. Im Schatten dieser Erfolgsgeschichte wurden weitere Unternehmen gegründet, die wie ein kleiner Geleitzug im Gefolge der Teekampagne segeln.

Es gelang mir, Professor Faltin nach dem Erfolgsgeheimnis seiner Gründung zu fragen.

Frage: Wie kamen Sie ausgerechnet auf Tee und auf diesen spezifischen Vertriebsweg?

Professor Faltin: Das kann man so in einem Satz nicht beantworten. Es war, als ob man ein Puzzle zusammensetzt, dessen Ergebnis man am Anfang noch nicht kennt und dessen Einzelstücke auch selbst erst ausgedacht werden müssen. Am Anfang stand die Beobachtung, dass gerade das Produkt Tee in Deutschland damals sehr teuer verkauft wurde – sowohl im Vergleich zu den Preisen in den Herkunftsländern als auch im benachbarten europäischen Ausland.

Frage: Warum waren und sind denn die Teepreise im Einzelhandel so hoch?

Faltin: Nach eingehender Recherche (wie es Duttweiler vorgemacht hat) stellte sich heraus: Teuer machen den Tee nicht Fracht oder Versicherung, sondern das Verpackungsmaterial für die üblichen 100-Gramm-Kleinpackungen und die zahlreichen Stufen des Zwischenhandels.

Frage: Also kostengünstigere größere Packungen und den Zwischenhandel umgehen? Wie steht es da mit der Haltbarkeit des Tees?

Faltin: Sie ist wichtig, wenn Verbraucher auf Kleinpackungen verzichten sollen. Die Händler sagen, der Tee halte zwei bis drei Jahre. Hielte er auch nur ein Jahr, würde es reichen, wenn die Kunden ihren Jahresvorrat einkauften. Dann könnte man Großpackungen anbieten und die (überraschend hohe) Einsparung an Verpackungskosten als großen Preisvorteil an die Kunden weitergeben.

Frage: Was ist aber mit der Sortimentsbreite? Die Kunden wollen ja schließlich nicht immer den gleichen Tee trinken!

Faltin: Wenn man viele Sorten anbieten will, muss man für jede Sorte Lager halten. Das wird bei 100 bis 250 Sorten – so viel führt ein »guter« Teeladen – ein Problem. Es bleibt gar nichts anderes übrig, als beim Großhändler zu kaufen, der wiederum beim Importeur kauft und der vom Exporteur.

Irgendwann wurde mir daher zwangsläufig der nächste logische Schritt bewusst: Wie wäre es mit nur einer Sorte? Sich radikal auf nur eine einzige Teesorte beschränken! Dann würde die Einkaufsmenge groß sein – und zwar groß genug, dass es ökonomisch Sinn macht, die Zwischenhändler auszuschalten und direkt im Herkunftsland einzukaufen. Aber sind Verbraucher dazu zu bewegen, auf die vielen Sorten Tee zu verzichten und nur eine einzige zu wählen und sie ein Jahr lang zu trinken? »So was kann sich nur ein Professor ausdenken«, hörte ich oft. Für einen Moment sah es so aus, als würde die Idee daran scheitern. Wenn die Kunden gewohnt sind, unter vielen Sorten auswählen zu können, warum sollten sie sich dann radikal einschränken?

Eine längere Denkpause entstand. Aber eines ließ mir keine Ruhe: Man könnte den Tee damit wirklich sehr preiswert machen. Vielleicht doch die Sorten radikal beschränken! Wenn der Einkaufspreis des Tees nur eine untergeordnete Rolle spielt (weil im Vergleich zu allen anderen Kosten niedrig), dann braucht man am Preis des Tees nicht zu sparen. Dann kann man einen teuren, sogar einen sehr teuren Tee einkaufen. Ja – warum eigentlich nicht den besten Tee der Welt kaufen?

Was ich erst in der Bibliothek der Freien Universität erfuhr (ich war selber keineswegs Teekenner, nicht einmal regelmäßiger Teetrinker): Es gibt so einen Tee. Und, da sind sich die Experten einig, er wächst an den Südhängen des Himalaja und trägt den Namen des Distrikts: Darjeeling. Wenn man so hervorragenden Tee haben kann, und den besonders preiswert, vielleicht lässt dies die Kunden auf die Auswahl verzichten? Wenn ich »Château Lafite-Rothschild« zum Preis von »Kellergeistern« kaufen kann, trinke ich doch nur noch den »Rothschild«!

Das unternehmerische Risiko der Teekampagne lag anfangs vor allem darin, ob die Käufer davon zu überzeugen wären, ihren Jahresbedarf an Tee in Großpackungen zu kaufen, wenn dies mit einem erheblichen Preisvorteil belohnt würde. Im Kern, ob es gelingt, sie von einer Ökonomie der neuen Einfachheit zu überzeugen.

Frage: Wie steht die Teekampagne nach fast 20 Jahren da? Ist sie ökonomisch erfolgreich?

Faltin: Heute – 20 Jahre nach dem Start des Unternehmens im Jahr 1985 – hat die Teekampagne über 160 000 Kunden, verkauft pro Jahr rund 400 000 Kilogramm Darjeeling-Tee, verpackt zu 90 Prozent in 1-kg-Großpackungen, und beschäftigt 15 Mitarbeiter. Seit zirka 1996 ist die Teekampagne das größte Teeversandhaus in der Bundesrepublik, obwohl wir mit nur einer Sorte Tee, nämlich Darjeeling, handeln. Nach Angaben des Tea Board of India sind wir seit 1998 der weltgrößte Importeur von Darjeeling Blatt Tee, noch vor den international bekannten Firmen wie Lipton, Twinings oder Brooke Bonds.

Frage: Haben Sie in dieser Zeit von der Gründung bis heute etwas dazugelernt? Oder lief alles so, wie Sie es als Wissenschaftler vorhergesehen haben?

Faltin: Natürlich nicht. Ich sitze ja auf einer Professur, die zur Intensivierung des Theorie-Praxis-Bezugs (heute heißt sie Entrepreneurship) geschaffen wurde. Deswegen habe ich ja dieses Unternehmen gegründet. Wer andere zum Gründen auffordert, sie also ins Risiko schickt, ohne selber über dieses gefährliche Hochseil gelaufen zu sein, kann doch bei seinen Studenten kaum glaubwürdig sein. Natürlich haben wir auch schwere Fehler gemacht. Entscheidend aber ist, dass die Grundidee, das oben beschriebene Puzzle, das lange und sorgfältig durchdachte unorthodoxe Geschäftsmodell, eben so gut ist, dass es diese Fehler aushält.

Neue Geschäftsideen oder Me-too-Konzepte?

Bezeichnend und lehrreich an der Gründung der Teekampagne ist, dass es sich nicht um ein neues Produkt oder eine grundsätzlich neue Form des Verkaufens handelt. Tee gibt es schon lange, und der Direktversand ist alterprobt. Dennoch kam es zu diesem beispielhaften Erfolg.

Daraus lässt sich für Gründer etwas ableiten: Nur 5 Prozent aller Existenzgründungen in Deutschland begründen sich in wirklich neuen Geschäftsideen, die restlichen 95 Prozent sind, ohne sie abwerten zu wollen, »Me-too-Produkte«. 50 Prozent der in Deutschland neuen Ideen stammen beispielsweise aus den USA und sind somit ebenfalls Kopien. Sie sehen: Um ein erfolgreiches Unternehmen zu gründen, muss man wirklich keine vollkommen neue Geschäftsidee haben, sondern kann bewährte Ideen erweitern, verbessern oder auf neue Märkte übertragen.

Wirklich neue Ideen bergen sogar größere Risiken in sich als solche, die sich schon bewährt haben. Wer seiner Zeit zu weit voraus ist und eine Entwicklung vorwegnimmt, die sich erst mit einer gewissen Zeitverzögerung einstellt, kann dann schon wieder vom Markt verschwunden sein, wenn andere beginnen, damit ihr Geld zu verdienen.

Beispiel

Vielleicht erinnert sich der eine oder andere Leser ja noch an den Bildschirmtext (Btx), den Vorläufer unseres heutigen Internet, der 1983 von der Deutschen Bundespost gestartet worden war. Wie beim Internet wurden die Daten über das Telefonnetz übertragen, liefen über einen Decoder und konnten dann am Bildschirm dargestellt werden.

Die Bildauflösung nach dem CEPT-Standard mit 480 x 250 Bildpunkten und 32 Farben war natürlich noch nicht so toll, entsprach aber den technischen Möglichkeiten der frühen 80er Jahre. Ein Handikap war ebenfalls, dass immer nur ganze Bildschirmseiten übertragen werden konnten. Aber immerhin war das Medium interaktiv, und die Btx-Teilnehmer konnten sowohl online miteinander chatten und sich elektronische Mitteilungen schicken als auch die Seiten der wenigen Btx-Anbieter (zu denen schon damals die Sendung WISO gehörte!) abrufen.

Natürlich gab es damals eine ganze Reihe von kreativen Menschen aus der Werbung und dem PR-Bereich, die das Potenzial des Bildschirmtextes erkannten und sich, um die Ersten zu sein, mit Btx-Agenturen selbstständig machten. Aber viele Unternehmen und potenzielle Kunden blieben skeptisch, und die Akzeptanz bei den privaten Haushalten war gering. Die meisten der neu gegründeten Btx-Agenturen sammelten zwar nützliche Erfahrungen, verloren aber viel Geld. Viele hielten nicht länger als ein oder zwei Jahre durch, andere fusionierten oder schlossen sich größeren Agentur-Netzwerken an.

Als dann zwölf Jahre später, 1995, T-Online auf den Markt kam und das Geschäft mit Internet-Dienstleistungen seinen eigentlichen Anfang nahm, waren von den Frühstartern so gut wie alle schon wieder vom Markt verschwunden. Natürlich müssen nicht immer gleich zehn Jahre ins Land gehen, bis eine gute Idee zur wirklichen Marktreife kommt, aber vorhersagen kann es niemand.

Geschäftsideen suchen, aber richtig

Wenn Sie noch auf der Suche nach einer für Sie geeigneten Idee sind, sollten Sie sich zunächst eine möglichst breite Informationsbasis schaffen. Informieren Sie sich über allgemeine wirtschaftliche Trends, Zukunftsbranchen und erfolgreiche Geschäftsideen: im Fernsehen, in Wirtschaftsmagazinen, Publikumszeitschriften und natürlich im Internet. Es gibt auch spezielle Magazine für Geschäftsideen, die sich allerdings das Know-how, das sie vermitteln, kräftig bezahlen lassen. Überdies sind diese Magazine meist nur im Jahresabonnement erhältlich.

Anregungen finden Sie aber auch auf Gründermessen, bei Gründerwettbewerben und -initiativen, bei den Industrie- und Handelskammern und Verbänden. Viele Marktforschungsinstitute und Unternehmensberatungen stellen darüber hinaus kostenlose Informationen im Internet zur Verfügung.

Auch die Informationsangebote der verschiedenen Bundesministerien und Länderministerien sind nicht gering zu schätzen.

Lassen Sie sich von der Flut von Ideen nicht irritieren, sondern picken Sie sich zunächst das heraus, was Ihnen persönlich am besten gefällt und von dem Sie glauben, dass die Idee zu Ihnen passen könnte. Sammeln Sie zu dem Thema, das Sie interessiert, weitere Informationen und versuchen Sie herauszufinden, welches die Erfolgsfaktoren waren, die dieser Idee offensichtlich zum Durchbruch verholfen haben.

Beispiel

Die Idee, einen Imbissstand zu eröffnen, zeugt für sich allein noch nicht von großem Einfallsreichtum. Ein junger Mann in Frankfurt machte es dennoch, und er war damit so erfolgreich, dass er sich in wenigen Jahren ein richtiges Vermögen erwirtschaften konnte. Die spezifischen Erfolgsfaktoren: Er fand einen Platz für seinen Stand mitten im Frankfurter Bankenviertel zwischen den Hochhäusern. Er setzte von Anfang an auf wenige und standardisierte Produkte, die aber dafür frisch und hochwertig waren und einen Tick teurer als bei anderen. Damit erreichte er die Bedürfnisse der potenziellen Zielgruppe optimal: Die Banker strömen mittags in großer Eile aus ihren Büros. Sie wollen schnell versorgt werden, wollen aber keinen minderwertigen Imbiss, sondern als »Anzugträger« etwas Besseres. So hat sie dieser Imbissstand perfekt erreicht. Mittags stehen da lange Schlangen, und abends fährt der junge Mann mit einem großen neuen Auto nach Hause: ein erfolgreicher Existenzgründer!

Geschäftsideen kopieren, aber richtig

Wenn die tatsächlichen Erfolgsfaktoren einer Geschäftsidee bekannt sind, sollte man genau überlegen, ob und wie die verschiedenen Aspekte zu den eigenen Bedingungen passen, unter denen man seine Existenz zu gründen beabsichtigt.

Die einfachste Art, eine Geschäftsidee zu kopieren, besteht darin, sie tatsächlich im Maßstab eins zu eins zu übertragen. Die meisten Franchise-Ideen funktionieren nach genau diesem Muster, identische Produkte oder identische Dienstleistungen unter identischen Bedingungen an einem Standort anzubieten, der möglichst große Ähnlichkeit mit dem Vorbild hat.

Oft ist es aber weder möglich noch notwendig, eine bestehende Idee tatsächlich eins zu eins zu kopieren. Stattdessen kann es zweckmäßig sein, sie anderen Bedingungen anzupassen, sie zu variieren, von anderen zu differenzieren, zu spezialisieren oder zu optimieren. Auch die neue Kombination von zwei Ideen kann erfolgreich sein. Variieren bedeutet in diesem Sinne, die Idee einem anderen Standort, einer anderen Zielgruppe oder sogar einer anderen Branche anzupassen.

Geschäftsideen variieren Wie sich Geschäftsideen erfolgreich variieren lassen, zeigt folgendes Beispiel:

Beispiel

Nehmen wir die seit langem bekannte Idee, dem Kunden Schokoladenprodukte – vom Pfefferminztaler bis zum mit Schokolade überzogenen Obst – in der Form anzubieten, dass der Kunde seine Tüten mit einer kleinen Schaufel selbst füllt. Da diese Schokoladenartikel verhältnismäßig hochpreisig sind, funktioniert diese Idee nur an Standorten, an denen sich ein gut betuchtes Publikum einfindet und eine entsprechend hohe Besucherfrequenz sichergestellt ist, also Einkaufspassagen oder Fußgängerzonen mit gehobenen Geschäften in zentraler Lage.

Diese Grundidee wurde nun dahingehend variiert, dass statt der Schokoladenprodukte Gummibärchen, Gummifrüchte und Gummifiguren in unterschiedlichsten Formen, Größen und Geschmacksrichtungen in gleicher Weise präsentiert werden. Die Zielgruppe für diese Produkte ist eindeutig jünger als die für die Schokoladenartikel. Also muss man einen Standort wählen, der eher von einem jüngeren Publikum frequentiert wird, zum Beispiel einen großen Verkehrsknotenpunkt von öffentlichen Verkehrsmitteln. Aber nicht nur das Sortiment ist ein anderes, auch die Präsentation und die Preisgestaltung müssen den Publikumserwartungen angepasst werden.

Die Idee lässt sich durchaus noch weiter variieren, zum Beispiel in Form eines Verkaufspunktes für amerikanische Jelly-beans (Geleebohnen), die erst durch die Harry-Potter-Geschichten die Aufmerksamkeit des deutschen Publikums fanden.

Die Grundidee, nur eine ganz bestimmte Kategorie von Süßwaren exklusiv zu verkaufen, hat damit aber noch keineswegs ihren Abschluss gefunden. So gibt es gerade an Touristenorten mit historischem Stadtkern immer häufiger kleine Läden, die sich auf den Import von Lakritzprodukten aus der ganzen Welt spezialisiert haben. Wenn der Standort und das Publikum stimmen, kann man aus den verschiedensten Lebensmittelbereichen Spezialgeschäfte eröffnen – sei es mit Schinken und Wurst, mit Käse oder mit Senfspezialitäten.

Geschäftsideen von anderen differenzieren Sich mit seinen Produkten und Dienstleistungen von anderen zu unterscheiden kann manchmal nur eine Frage des Markennamens und des Marketings sein. Es kann sich aber auch direkt auf die Eigenschaften des Angebots beziehen. Bei den Bierbrauereien gab es in Deutschland jahrelang einen ständigen Konzentrationsprozess, bei dem einige wenige Großbrauereien nach und nach ihre Konkurrenten aufkauften, wodurch regionale Biermarken allmählich verschwanden. Das führte zu einer gewissen Monotonie des Angebots. Und genau in die dadurch entstandene Lücke stießen neue Gasthaus-Brauereien vor. Rund um die Braukessel entstanden Kneipen und Restaurants, die eigene und nur dort erhältliche Bierspezialitäten anboten.

Und was beim Bier klappt, funktioniert offensichtlich auch bei anderen Getränken. Die beiden Giganten Coca-Cola und Pepsi-Cola beherrschen die ganze Welt. Die ganze Welt? Nein, denn hier kam das Asterix-Prinzip zum Tragen: Ein paar junge Unternehmer reaktivierten die deutsche Marke Afri-Cola, die es inzwischen wieder in ausgewählten Szene-Lokalen gibt. Und in Hamburg gründeten Lorenz Hampl und Mirco Wolf Wiegert Fritz-Kola. Auch sie konzentrierten sich mit ihrem Produkt zunächst auf Bars, Clubs und einige ausgewählte Supermärkte. Inzwischen denken sie bereits über einen bundesweiten Vertrieb nach.

Solche Ideen gibt es aber nicht nur in Deutschland, sondern zum Beispiel auch bei exklusiven Limonaden aus Frankreich. Je größer die Macht einzelner großer Marken wird, desto eher sind auf Individualität bedachte Kunden bereit, für das Besondere auch ein bisschen mehr zu zahlen.

Sich mit Geschäftsideen spezialisieren Wenn man sich mit einer Geschäftsidee spezialisieren will, bedeutet das, dass man eine vorhandene Idee weiter aufgliedert. Je mehr beispielsweise die großen Automarken die kleinen freien Reparaturwerkstätten verdrängen – unter anderem deshalb, weil diese die komplizierte Elektronik nicht mehr beherrschen können –, etablieren sich neue, hoch spezialisierte Dienstleister rund ums Auto. Das

Austauschen von Windschutzscheiben oder das Erneuern des Auspuffs sind inzwischen bereits gängige Geschäftsideen. Vergleichsweise neu dagegen ist die Entfernung von Dellen nach Hagelschlag ohne teure Lackierarbeiten. Aber auch die so genannte Autoaufbereitung, also die Verschönerung von Gebrauchtwagen zum anschließenden Verkauf, versucht sich als Geschäftsidee zu etablieren.

Was in diesem Bereich nicht gut funktionierte, war die Geschäftsidee, nachträglich in Kleinwagen oder auch andere Fahrzeuge elektrische Schiebedächer einzubauen. Da inzwischen in fast allen Autos jeder Größenordnung vom Hersteller Klimaanlagen angeboten werden, verschwand diese Geschäftsidee wieder vom Markt, noch bevor sich der große Geschäftserfolg einstellte.

Aber auch in anderen Bereichen, die nichts mit Technik zu tun haben, gibt es Existenzgründer, die mit Spezialisierungen ihr Geld verdienen. Feng Shui, die chinesische Lehre vom Wohnen, wird nun nicht mehr nur bei Privatleuten oder von einigen Architekten bei Bürogebäuden praktiziert: Der neue Trend ist mittlerweile, sich seinen Garten nach den Regeln des Feng Shui anlegen zu lassen.

Andere Geschäftsideen optimieren Auch das Optimieren bestehender Abläufe kann die Grundlage für eine Geschäftsidee sein. Ein gutes Beispiel dafür sind die Einkaufsagenturen. Am Anfang haben sie für Privatleute das billigste Angebot ausfindig gemacht und die entsprechenden Geräte gegen Provision beschafft. Inzwischen werden diese Dienste auch von Firmen genutzt. Durch die Bündelung verschiedener Aufträge bei einem Lieferanten können die Agenturen so fette Nachlässe herausschlagen. Sie haben eben einfach nur den klassischen Einkauf der Firmen optimiert.

Ein Boom, dessen Ende noch nicht abzusehen ist, basiert darauf, verschiedene Ladenideen miteinander zu kombinieren. So entstehen Buchcafés, in denen man sowohl Kaffee und Kuchen serviert bekommt als auch Bücher kaufen kann. Aber es wird auch ein Schuhladen mit einer Kunstgalerie verbunden oder ein Friseurgeschäft mit einer Sushi-Bar. Im Grunde genommen handelt es sich hierbei nur um eine Weiterentwicklung der bekannten Shop-in-Shop-Idee.

In London fand ich sogar eine Dreier-Kombination: Es handelt sich um einen Buchladen, der auf Kochbücher spezialisiert ist. Im Raum dahinter ist eine komplette Küche,wo Rezepte ausprobiert und Kochkurse abgehalten werden können. Und dann gibt es noch einen Raum mit Tischen und Stühlen, ein kleines Restaurant, in dem das, was Ladenbesucher gekocht haben, von Restaurantbesuchern verspeist wird. Eine geniale , hoch kommunikative Idee, und der Laden brummt dementsprechend. Allerdings ist diese Idee auf unser Land nicht so einfach übertragbar, denn die Gesundheitsbehörden hätten sicherlich erhebliche Einwände.

Auch Ideen haben einen Lebenszyklus

Was man auf jeden Fall beachten muss, ist, dass auch Geschäftsideen einem gewissen Lebenszyklus unterliegen. Wie bei einem Produkt gibt es eine Startphase, in der die Akzeptanz der neuen Idee zunächst langsam und dann immer schneller wächst. Dann folgt die Reifephase, in der die Zuwächse zwar geringer werden, dafür aber eine gewisse Kontinuität erreicht wird, die mit Sicherheit Wettbewerber auf den Plan ruft. Danach folgt ein allmähliches Ausklingen.

Auch wenn die Nachfrage zunächst noch gleich bleibt, wird aufgrund der Wettbewerbssituation der Gewinn allmählich sinken und die Umsätze werden durch die verschärfte Konkurrenz geringer. Das ist dann der Zeitpunkt, an dem man spätestens über eine Weiterentwicklung der Idee nachdenken muss, besser jedoch schon während der Reifephase. Ein typisches Beispiel sind die Fitness-Studios: Der Markt ist gesättigt, und wer jetzt noch ein Studio ohne besondere Zusatzangebote eröffnet, wird es schwer haben. Spezialisierte Studios hingegen (nur für Damen, nur gegen Rückenprobleme, ganz billig und einfach wie ein Discounter) haben noch eine gute Zukunft.

Bewährte Konzepte nutzen: Franchise

Beim so genannten Franchise-Verfahren stellt ein Unternehmen – der Franchise-Geber – dem Franchise-Nehmer Idee, Name, Marke, Know-how und Marketing zur Verfügung. Für das Recht, die Waren und Dienstleistungen des Gebers zu verkaufen oder die Idee zu nutzen, und für die Gewährleistung, dass kein anderer Franchise-Nehmer am selben Ort tätig wird, zahlt der Franchise-Nehmer eine Eintrittsgebühr und eine laufende Gebühr in Form einer Umsatzbeteiligung. Ebenso trägt der Franchise-Nehmer anteilige Kosten für Werbung.

In der Regel erhält der Franchise-Nehmer das komplette Unternehmenskonzept in Form eines Handbuchs. Er bekommt Unterstützung und Beratung bei Markteinschätzungen, Standortwahl, Geschäftsausstattung, Kalkulationen, Werbung, Public Relations und anderen geschäftlichen Dingen. Allerdings wird er meist auch zwingend verpflichtet, die ihm vorgeschriebenen Geschäftsstandards einzuhalten.

Dem Franchise-Nehmer bietet das Franchise-System einerseits eine gewisse Sicherheit, weil er in ein bereits erprobtes Geschäft einsteigt, andererseits wird das selbstständige Handeln stark eingeschränkt.

Beispiel

In den 90er Jahren gab es heftige Auseinandersetzungen zwischen mehreren deutschen Franchise-Nehmern und dem Mutterhaus Benetton aus Italien. Die deutschen Textilhändler gingen vor Gericht, weil sie behaupteten, durch die Schock-Werbung von Benetton heftige Umsatzeinbussen zu erleiden. Sie erinnern sich? Benetton erregte damals Aufsehen, weil große Anzeigen und Plakate die Motive »HIV-Kranke« oder »Flüchtlinge« mit Benetton verbanden – es war eine Aufsehen erregende und zugleich äußerst umstrittene Werbung. Die Franchise-Nehmer unterlagen vor Gericht, sie durften keine Abzüge bei zuvor vertraglich vereinbarten Zahlungen vornehmen. Das zeigt, wie eng das Korsett beim Franchising sein kann.

Franchise-Nehmer, Master-Franchise-Nehmer oder Franchise-Geber?

In der Regel starten Existenzgründer als Franchise-Nehmer, aus einigen Existenzgründern wird jedoch nach einem erfolgreichen Start schon bald ein Franchise-Geber. Wieder andere starten mit einer entsprechenden Kapitalausstattung als so genannte Master-Franchise-Nehmer, deren Hauptaufgabe dann darin besteht, das entsprechende Franchise-System zu vermarkten.

Wer davon überzeugt ist, dass die eigene Geschäftsidee dazu geeignet ist, an verschiedenen Standorten vervielfältigt zu werden, und dass sie nicht nur auf die eigene Person zugeschnitten ist, kann sich tatsächlich überlegen, Franchise-Geber zu werden. Dazu muss die jeweilige Geschäftsidee einem ausgiebigen Praxistest unterzogen werden und sollte sich auch nicht nur in einem, sondern in mehreren Pilotprojekten bewährt haben.

Anschließend kommt es darauf an, den gesamten Geschäftsablauf präzise zu erfassen und zu dokumentieren. Denn schließlich sollen die potenziellen Franchise-Nehmer nicht nur das Know-how bekommen, sondern aufgrund der Unterlagen auch die Möglichkeit erhalten, ihren Geschäftseinstieg zu finanzieren und schließlich so viel Gewinn zu erwirtschaften, dass nicht nur sie davon existieren können, sondern dass sich auch für den Franchise-Geber selbst die Entwicklung des ganzen Systems lohnt. Um ein Franchise-System mit allem Drumherum auf die Beine zu stellen, sollte man durchaus mit Aufwendungen in Höhe von mindestens 1 Million Euro rechnen.

Als Master-Franchise-Nehmer ist man Partner von in der Regel internationalen Franchise-Unternehmen, die sich auch in Deutschland etablieren möchten. Dazu braucht man Subunternehmer, die nicht nur das deutsche Wirtschafts- und Rechtssystem verstehen, sondern auch Ahnung von der Funktionsweise spezieller deutscher Märkte haben, die Marketing, Vertrieb und Logistik beherrschen und auch noch über ein gehöriges Verkaufstalent verfügen.

Aufgabe des Master-Franchise-Nehmers ist es nämlich nicht nur, die in Amerika, England, Japan, Australien oder sonst wo auf der Welt erfolgreiche Geschäftsidee an deutsche Verhältnisse anzupassen. Vielmehr soll er auch noch die eigentlichen Akteure am Markt, die lokalen Franchise-Unternehmer, so führen, dass die Idee für alle Gewinn bringend ist.

Nun ist aber bei weitem nicht jedes Franchise-System, das im Ausland schon erfolgreich war, ohne weiteres auf Deutschland übertragbar. Auch wenn man McDonalds als Erfolgsmodell vor Augen hat, bedeutet das noch lange nicht, dass Sushi-Bars nach japanischem Muster ebenso erfolgreich sein müssen.

Die anfängliche Begeisterung eines Master-Franchise-Nehmers kann schnell der Ernüchterung weichen – spätestens dann, wenn es um die konkrete Verhandlung komplexer Verträge geht, die Rechte und Pflichten entsprechend den verschiedenen Rechtssystemen regeln sollen, oder wenn deutlich wird, dass die üblichen siebenstelligen Lizenzgebühren durch hohe Anlaufkosten noch weiter nach oben getrieben werden.

Jeder Franchise-Geber muss sich darüber im Klaren sein, dass er für die Identität, das Image und die Funktionsweise des gesamten Unternehmens zuständig ist. Hat er auch nur einen oder vielleicht sogar mehrere Franchise-Nehmer, die aus der Reihe tanzen und eventuell den Namen des Unternehmens negativ belasten, werden ihn die anderen Partner dafür in Regress nehmen.

Franchise-Geber müssen feste Spielregeln aufstellen und darüber wachen, dass sie eingehalten werden. Dabei kommt es in der Regel zu einer Vielzahl von Konflikten, die auf höchst differenzierte Weise zu bewältigen sind. Franchise-Systeme funktionieren nur im Miteinander zwischen Franchise-Geber und Franchise-Nehmer, und vor allem nur im Miteinander der Gesamtheit aller Franchise-Nehmer. Ist hier zu irgendeinem Zeitpunkt kein Grundkonsens mehr gegeben, kann das gesamte System kollabieren.

Erst informieren, dann unterzeichnen

Franchise-Existenzgründungen werden öffentlich gefördert, aber nicht in jedem Fall. Erkundigen Sie sich deshalb rechtzeitig vor Abschluss eines Vertrags über die Förderungsmöglichkeiten. Lassen Sie sich von den Franchise-Verbänden, Industrie- und Handelskammern beziehungsweise Handwerkskammern bei der Auswahl des geeigneten Franchise-Gebers beraten. So können Sie auch vermeiden, unseriösen Geschäftsleuten auf den Leim zu gehen.

Auf jeden Fall müssen Sie sich Zeit nehmen und dürfen sich nicht unter Druck setzen lassen. Geben Sie den Franchise-Vertrag und die kaufmännischen Unterlagen des Gebers vor der Unterzeichnung auf jeden Fall einem Fachmann zur Prüfung, zum Beispiel einem spezialisierten Rechtsanwalt. Adressen gibt es unter www.dfv-franchise.de.

In den folgenden Bereichen werden Franchise-Systeme angeboten:

- Beratung und Schulung
- Büroarbeit und Geschäftshilfe
- Einzelhandel
- Entsorgung und Recycling
- Herstellung und Verarbeitung
- Hotellerie und Gastronomie
- Import und Export
- Personenbetreuung und Pflege
- Reinigung und Instandhaltung
- Reparatur und Renovierung
- sonstiger Service
- sonstiger Vertrieb
- Transport und Zustellung

- Untersuchung und Schutz
- Vermietung und Leasing
- Vermittlung und Makeln
- Versandhandel und Direktvertrieb

In Deutschland gibt es inzwischen über 1 000 verschiedene Franchise-Systeme, davon sind zirka 200 im Deutschen Franchise-Verband (DFV) organisiert. Das ist im weltweiten Vergleich eine verhältnismäßig geringe Zahl. So existieren in Japan rund 3 000 Franchise-Systeme, in den USA sogar rund 5 000. Insgesamt gibt es in Deutschland rund 43 000 selbstständige Franchise-Nehmer, die für dieses Recht zwischen 2 500 und mehr als 500 000 Euro gezahlt haben.

Wie wichtig es ist, sich richtig beraten zu lassen, zeigt die Tatsache, dass international jeder zweite Franchise-Nehmer scheitert, in Deutschland aber zumindest unter den rund 12 000 öffentlich geförderten Franchise-Nehmern nach zehn Jahren immer noch 98 Prozent im Geschäft sind.

Der Einzelhandel stellt mit 31,3 Prozent immer noch die größte Gruppe unter allen Franchise-Aktivitäten. Nimmt man jedoch die Bereiche Hotellerie und Gastronomie, Makeln und Vermitteln, Schulung und Beratung, Büroarbeit und Geschäftshilfe, Personenbetreuung und Pflege, Transport und Zustellung, Reinigung und Instandhaltung sowie Vermietung und Leasing als Dienstleistungen zusammen, so repräsentieren diese Bereiche rund 60 Prozent aller Franchise-Systeme. Herstellung und Verarbeitung liegen bei 5,1 Prozent, Reparatur und Renovierung bei 4,8 Prozent.

Insgesamt rechnet man damit, dass der Dienstleistungssektor in Deutschland wie auch in anderen Ländern das stärkste Wachstumspotenzial hat. Nach der Gesamtzahl der Franchise-Nehmer-Betriebe in Deutschland steht TUI/First aus der Reisebürobranche mit 1 381 Betrieben an der Spitze. Dicht darauf folgen McDonalds im Bereich Fastfood mit 1 248 Betrieben und Foto Quelle, Bereich Fotohandel, mit 1 238 Betrieben. Kamps Bäckereien liegen mit etwas mehr als 1 000 Betrieben auf Platz vier, und der »Studienkreis« aus dem Bereich Schüler-Nachhilfe mit 1 000 Betrieben auf Platz fünf. Auf Platz zehn liegen die Sunpoint-Sonnenstudios mit 535 Betrieben.

Beispiel

Eine der größten Erfolgsstorys in der deutschen Franchise-Branche kann Torsten Toeller erzählen. Nach dem Abitur absolvierte er bei Allkauf eine Ausbildung zum Einzelhandelskaufmann und studierte nebenher noch Handelsbetriebswirtschaft. Bei einem Aufenthalt in den USA kam er auf die Idee, auch in Deutschland Geschäfte für Tierbedarf zu eröffnen, so wie er sie in Amerika kennen gelernt hatte. Zunächst suchte er nach großen Unternehmen, die so etwas verwirklichen könnten. Die hatten aber kein Interesse.

Also machte sich Toeller im Januar 1990 als 24-Jähriger mit seinem ersten Laden in Erkelenz am Niederrhein selbstständig. Finanziert wurde seine Existenzgründung von seinen Eltern mit einem Startzuschuss von 50 000 DM. Sie wussten, worauf ihr Sohn und sie sich einließen, denn immerhin besaßen sie selbst zwei Lebensmittelmärkte.

Der Geschäftsstart verlief keineswegs besonders glorreich. Oftmals wurden am Tag nicht einmal 1 000 DM umgesetzt, und Toeller war fast pleite. Er verkaufte sein Auto für 20 000 DM und fand schließlich eine Bank, die ihm noch einmal 200 000 DM lieh, ohne dass er Sicherheiten oder eine Bürgschaft dafür aufbringen konnte. Auf Wunsch der Kunden veränderte er sein Angebot, indem er die Zahl der Artikel erhöhte und die Preise senkte. Von ursprünglich 3 500 Artikeln ist die Zahl pro Filiale inzwischen auf nahezu 10 000 gestiegen.

Jetzt stimmte das Konzept, und der Umsatz stieg bereits im zweiten Jahr auf 1,5 Millionen DM. Im September 1991 eröffnete er den zweiten Laden in Willich. Nach fünf Jahren gab es immerhin schon 50 Fressnapf-Filialen. Heute sind es 500 in Deutschland, die im Franchise-System geführt werden, und 102 Filialen im europäischen Ausland. Jede der Fressnapf-Filialen macht heute im Schnitt 1 Million Euro Umsatz.

Pro Jahr will Toeller 100 weitere neue Läden eröffnen, um auch in anderen Ländern die Marktführerschaft zu übernehmen. Selbst in Deutschland schätzt er das Potenzial noch auf 800 zusätzliche Fressnapf-Filialen ein. Toellers Konzept baut darauf auf, dass die Fressnapf-Läden zwar einerseits als Discounter gelten, andererseits die Mitarbeiter aber auch über fachliche Kompetenz verfügen, um den Kunden beraten zu können.

Immerhin hat er es geschafft, mit diesem Konzept weltweit auf Platz drei in der Heimtierbranche aufzurücken. Seine 552 Millionen Euro Umsatz sind allerdings noch weit von den Umsätzen der vor ihm liegenden US-Unternehmen entfernt: Petsmart schafft 3 Milliarden und Petco 1,8 Milliarden Dollar. Natürlich beobachtet Toeller, was in den USA vor sich geht. Aber alle Ideen, die dort angeboten werden, wird er nicht nach Deutschland importieren. Hundebier und Hundeeis würden die Kunden hier nicht akzeptieren – und Weihnachtsmann- und Halloween-Kostüme für Katze und Hund sicherlich auch nicht so richtig.

Checkliste: Franchising – worauf Sie achten müssen

- ○ Sind Sie bereit, als Franchise-Nehmer durch die Franchise-Vorgaben auf einen großen Teil Ihrer Entscheidungsfreiheit zu verzichten?
- ○ Wie schätzen Sie beziehungsweise die von Ihnen konsultierten Fachleute die Marktchancen der Franchise-Idee ein?
- ○ Wer sollen Ihre potenziellen Kunden sein?
- ○ Wie gut entspricht Ihr Standort den Vorgaben?
- ○ Gibt es bereits Konkurrenz am Ort? Wenn ja, von wem?
- ○ Wie unterscheiden sich Ihre Produkte und Dienstleistungen von denen Ihrer zukünftigen Wettbewerber?
- ○ Welche Vorteile bieten Ihre Produkte und Dienstleistungen Ihren potenziellen Kunden?
- ○ Mit welchen Preisen kalkuliert Ihre Konkurrenz? Welche Preise werden Sie verlangen müssen?
- ○ Sind Ihre voraussichtlichen Preise am Standort durchzusetzen?
- ○ Sind Ihre Produkte oder Dienstleistungen von saisonalen Schwankungen abhängig?
- ○ Ist der Markenname des Franchise-Gebers entsprechend geschützt? Sind Patente und Warenzeichen erteilt?
- ○ Auf welche Erfolge und Referenzen kann der Franchise-Geber verweisen?
- ○ Wie erfolgreich läuft das Geschäft an anderen Standorten?
- ○ Wie ist die Kapitalsituation des Franchise-Gebers?
- ○ Wie gut ist das Image des Franchise-Gebers?
- ○ Über welche Erfahrungen und Qualifikationen verfügt das Management des Franchise-Gebers?
- ○ Wie viele Franchise-Nehmer gibt es bereits und an welchen Standorten befinden sie sich?
- ○ Sind die Franchise-Nehmer mit den Leistungen des Franchise-Gebers zufrieden?

- ○ Ist der Franchise-Geber Mitglied in einem Fachverband?
- ○ Will unzulässigerweise der Franchise-Geber allein die Preise für Ihre Angebote bestimmen?
- ○ Müssen Sie Betriebsmittel, Waren oder bestimmte ergänzende Dienstleistungen beim Franchise-Geber beziehen oder dürfen Sie diese auch selbst beschaffen?
- ○ Welche Voraussetzungen müssen Sie als Franchise-Nehmer erfüllen? Wird von Ihnen eine fachliche und kaufmännische Erfahrung gefordert?
- ○ Werden mit Ihnen Eignungstests durchgeführt?
- ○ Wird vom Franchise-Geber eine Schulung, Betriebsvorbereitung und Weiterbildung angeboten oder gefordert?
- ○ Erhalten Sie ein Handbuch zur Betriebsführung? Können Sie sich vor Vertragsschluss einen Eindruck von dessen Qualität machen?
- ○ Gibt es für Beratung und Hilfe bei Problemen eine Hotline und gegebenenfalls schnelle Beratung vor Ort?
- ○ Welche Service-Leistungen bietet Ihr Franchise-Geber in den Bereichen Einkauf, Werbung und Public Relations zu welchem Preis?
- ○ Ist der zwischen Ihnen und dem Franchise-Geber vereinbarte Finanzplan realistisch?
- ○ Was werden Sie unterm Strich wann verdienen?
- ○ Wie hoch wird Ihr notwendiger Kapitaleinsatz für den Start insgesamt sein?
- ○ Über wie viel Kapital verfügen Sie bereits und wie viel müssen Sie sich finanzieren lassen?
- ○ Von wem bekommen Sie die Finanzierung?
- ○ Sind im Finanzplan wirklich alle Kosten berücksichtigt oder gibt es versteckte beziehungsweise variable Folgekosten?
- ○ Entsprechen die Einstiegsgebühr und die laufenden Franchise-Gebühren, die abhängig vom Bruttoumsatz gezahlt werden müssen, dem Nutzen und sind der Marktsituation angemessen?
- ○ Wie wird sich Ihre Liquidität in den nächsten drei Jahren entwickeln?
- ○ Werden Sie vom Franchise-Geber bei der Erstellung des Liquiditäts- und Umsatzplans unterstützt?

- ○ Haben Sie ausreichend Zeit, den Franchise-Vertrag zu prüfen, oder werden Sie unter Druck gesetzt, schnell zu unterzeichnen?
- ○ Welcher Gebietsschutz wird Ihnen garantiert? Ist das Gebiet groß genug?
- ○ Wird der Vertrag von externen Kapitalgebern anerkannt?
- ○ Wie sind die Laufzeiten des Vertrags? Gibt es automatische Verlängerungen? Welche Kündigungsfristen sind vorgesehen?
- ○ Welche Rechte und Pflichten haben Sie bei Vertragsverstößen? Wird Ihnen bei Vertragsverstößen mit sofortiger Wirkung gekündigt? Ist ein Abmahnungsverfahren vorgesehen?
- ○ Wurden Vertragsstrafen vereinbart?
- ○ Gibt es die Möglichkeit, bei Beendigung der Partnerschaft die Geschäftsausstattung und Ähnliches weiterzuverkaufen?
- ○ Gibt es für die Zeit nach Vertragskündigung Ausübungs- beziehungsweise Wettbewerbsverbote? Existiert eine Konkurrenzklausel?
- ○ Können Sie weiterhin in der Branche tätig sein, wenn Sie Veränderungen im Warensortiment oder Erscheinungsbild vornehmen?

eBay: Power für die Power Seller

Fast explosiv verläuft die Entwicklung bei den so genannten Power Sellern, also bei Händlern, die eBay als Plattform für ihren Handel nutzen. Das Wachstum hier ist groß, aber auch die Rate derjenigen, die scheitern. Der große Vorteil dieser Art des Handels ist die geringe Vorausinvestition: Es müssen keine repräsentativen Verkaufsräume in teuren Lagen gemietet werden und es bedarf keiner Vitrinen und Dekorationen. Sie selber können Ihre Kunden betreuen, wann es Ihnen zeitlich passt. Allerdings bedarf es dennoch großer Sorgfalt und Zuverlässigkeit bei der Abwicklung, beim Versand und bei der Betreuung der Kunden, denn wer das missachtet, fängt sich schnell negative Beurteilungen ein und ist aus dem Geschäft.

eBay selber bietet interessierten Händlern Schulungen an, um zu vermitteln, wie man richtig verkauft, wie man präsentiert und welche Regeln einzuhalten sind. Manche Einzelhändler mit ganz regulärer Verkaufsstätte haben sich über eBay ein zusätzliches Standbein im Internet aufgebaut, andere verkaufen ausschließlich elektronisch.

Die Entwicklung ist allerdings rasant: Entweder lassen sich die Händler auf echte Auktionen ein – mit dem Risiko, dass keine hohen Preise erzielt werden –, oder sie verkaufen zu einem festen Preis (die »Sofort kaufen«-Option). Dann allerdings sorgt eBay für hohe Transparenz und Vergleichbarkeit. Nur der beste Anbieter gewinnt. Und wenn es sich um Markenartikel handelt, wird auch der Hersteller sehr genau beobachten, zu welchem Preis der Händler seine Waren anbietet. Schließlich sollen die Preise für Markenware möglichst lange hochgehalten werden.

Nicht zuletzt müssen alle, die sich gewerbsmäßig bei eBay bewegen, wissen, dass das Finanzamt zuschauen kann. Einige haben bereits überraschende Nachfragen erhalten und Steuern nachzahlen müssen. Also nicht vergessen: Geschäft ist Geschäft, auch wenn es »nur« im Internet stattfindet.

Warum manche Existenzgründungen erfolgreich sind und andere scheitern

Zusammenfassung

Die Ausgangsbedingungen sind bei Existenzgründern oft ähnlich, die Ideen sind häufig verwandt, der rechtliche Rahmen identisch. Und trotzdem haben einige Unternehmen Erfolg, während andere schon nach kurzer Zeit in eine Schieflage geraten oder sogar aufgeben müssen. Was wurde richtig beziehungsweise falsch gemacht? In diesem Kapitel erfahren Sie einerseits Faktoren, die die einen Existenzgründer zum Erfolg führen, und andererseits Gründe, warum die anderen scheitern.

Bevor ein neues Unternehmen seine Tore öffnet, herrscht bei dem Existenzgründer größte Euphorie. Hoffnungen und Erwartungen drängen Bedenken und Zweifel beiseite. Egal, wie groß das zu gründende Unternehmen ist oder in welcher Branche die Gründung stattfindet – bevor es richtig losgeht, gibt es unendlich viel zu erledigen, und man spürt jeden Tag, wie das große Ereignis näher rückt. Die Geschäftsräume werden renoviert und bezogen. Die Möbel treffen ein, es wird eingerichtet und aufgebaut. Die Druckerei liefert endlich die heiß ersehnten Visitenkarten und Briefbögen mit dem neuen Firmennamen. Und es flattern schon die ersten Werbebriefe ins Haus, in denen man als neuer Unternehmer von Dienstleistern und Lieferanten umworben wird.

Dieses tolle Gefühl beim Start hält auch nach der Eröffnung des Unternehmens noch ein paar Wochen an, doch dann macht sich der Alltag breit. In der Regel stellt man nun fest, dass man entweder zu viele oder zu wenig Kunden hat. Die damit zusammenhängenden Folgeerscheinungen sind weder in die eine noch in die andere Richtung günstig.

Wie verschiedene Untersuchungen belegen, haben rund zwei Drittel aller jungen Firmen praktisch von Anfang an mit ernsten Problemen zu kämpfen. Jede dritte Firma geht in den ersten vier Jahren Pleite, und ein weiteres Drittel zwischen dem fünften und dem zehnten Jahr. Fachleute vermuten, dass die Zahl der Insolvenzen in Zukunft sogar noch steigen wird, da die generelle Qualifikation zum Unternehmer bei den Existenzgründern abnimmt und erst jetzt geeignete Instrumente aufgebaut werden, die auch noch in der Nachgründungsphase die neuen Selbstständigen mit Rat und Tat unterstützen.

Erfolgsfaktoren für den Unternehmensstart

Neben den Grundvoraussetzungen wie der persönlichen Einstellung, fachlichem, unternehmerischem und kaufmännischem Know-how sowie dem Startkapital gibt es noch einige andere Faktoren, die von Anfang an für den Erfolg entscheidend sind. Das sind folgende:

1. Das Produkt oder die Dienstleistung sind dort, wo sie angeboten werden, in einem Aspekt oder besser noch in mehreren neu.
2. Das Unternehmen hat den richtigen Standort.
3. Es wird mit der Geschäftsidee ein bestimmtes Problem gelöst oder ein bestimmter Bedarf gedeckt.
4. Der Preis für die Dienstleistung oder das Produkt stimmt.
5. Die Idee wird so kommuniziert, dass sie bei der Zielgruppe ankommt.

In den folgenden fünf Unterkapiteln schauen wir uns die verschiedenen Faktoren einmal genauer an.

Was bedeutet neu?

Die Neuheit des Produktes oder der Dienstleistung ist von entscheidender Bedeutung. Beantworten Sie dazu folgende Fragen: Ist das Produkt an sich auf dem Weltmarkt neu, oder ist es nur in Ihrer Stadt, in Ihrem Stadtteil oder vielleicht nur in Ihrer Straße neu? Wird es als neu empfunden, weil sich breite Zielgruppen dafür begeistern? Oder wurde es nur wiederentdeckt?

Beispiel

In den USA ist es schon seit Jahrzehnten Tradition, zu Weihnachten die Häuser, die Fenster und die Balkons mit Lichtern zu dekorieren und sich möglichst große Weihnachtsmannpuppen an die Fassade zu hängen oder auf das Dach zu setzen. In Deutschland kam diese Art von aufwändigem Weihnachtsschmuck erst vor wenigen Jahren in Mode. Die ersten Weihnachtsmannpuppen kosteten noch einen dreistelligen Betrag, heute bekommt man sie schon beim Discounter. Händler, die rechtzeitig beim amerikanischen Weihnachtsschmuck eingestiegen sind, verdienten gut, solange die Idee noch neu war. Wer es heute versucht, zum Beispiel mit einem Weihnachtsmann am Fallschirm, wird es deutlich schwerer haben, sein Produkt abzusetzen. Der Markt ist aufgeteilt und die Idee ist fast schon wieder passé.

Eine ähnliche Entwicklung gab und gibt es auch mit Halloween-Produkten. Auch diese Mode wurde durch Filme und Fernsehserien nach ganz Europa gebracht und ist inzwischen zu einem festen Bestandteil des herbstlichen Warenangebots geworden.

WISO rät

Bei Saisonprodukten sollten Sie immer genau abwägen, welchen Anteil der Neuheitsaspekt beim Absatz hat und wie weit die Kaufgewohnheiten der Kunden dabei eine Rolle spielen.

Ein ganz anderes Beispiel sind die vielen kleinen, exklusiven Kaffeeröstereien, die in den vergangenen Jahren in allen größeren Städten ihr Geschäft eröffneten.

Beispiel

In den 50er Jahren war es für die meisten Kunden vollkommen selbstverständlich, den Kaffee frisch geröstet in einem speziellen Geschäft zu kaufen. Dann kamen die Großröstereien, die zunächst Kaffeebohnen und dann auch gemahlenen Kaffee vakuumverpackt in die Regale brachten. Kaffee frisch geröstet zu verkaufen ist also überhaupt keine neue Idee, sondern entspricht nur einem wiederentdeckten Lebensgefühl, das sich aus der Vorstellung von Qualität und Individualität speist.

Bei dem Neuheitsaspekt kommt es genau darauf an, solche Vorstellungen und Lebensgefühle zu bedienen.

Niemand erwartet von einem Existenzgründer, dass er die Welt neu erfindet. Aber warum sollte ein Kunde seine gewohnten Pfade verlassen, wenn ihm nicht etwas Besseres geboten wird? Genau aus diesem Spannungsfeld zwischen Neuigkeit und Gewohnheit beziehen Existenzgründer ihr Aufmerksamkeits- und Kundenpotenzial. Es muss nicht alles neu sein. Manchmal reicht es schon, wenn ein im Prinzip klassischer Handwerksbetrieb mit einem neuen Namen und einem frischen Logo am Markt auftritt.

Beispiel

Vielleicht erinnert sich der eine oder andere Leser an den Roman *Schiffsmeldungen* von Annie Proulx. Die Tante des Helden Quoyle betreibt eine Yachtpolsterei und kommt mit ihren Aufträgen so gerade über die Runden. Als sie ihren Betrieb dann in »Schiffspolsterei« umtauft, kann sie sich vor Aufträgen nicht mehr retten. Nur durch eine Namensänderung hat sie die Zahl der potenziellen und tatsächlichen Kunden um ein Vielfaches erweitert.

Durch einen geeigneten Namen kann man die Anzahl der potenziellen Kunden vergrößern, man kann sich aber auch durch einen Namen von der Konkurrenz differenzieren.

Checkliste: Das sollten Sie über Neuheiten wissen

- ○ Fällt Ihnen ein neues Produkt oder eine neue Dienstleistung ein?
- ○ Könnte man ein bestehendes Produkt, eine bestehende Dienstleistung oder die damit verbundenen Abläufe verbessern?
- ○ Welche neue Technologie könnte dem Produkt oder der Dienstleistung förderlich sein?
- ○ Gibt es neue Vertriebskanäle für bestehende Produkte und Dienstleistungen?
- ○ Gibt es neue Kundensegmente, die man für die Dienstleistungen oder das Produkt erschließen könnte?
- ○ Was signalisieren der Name und das Logo Ihren Kunden?

Was ist der richtige Standort?

Der Erfolgsfaktor Standort darf auf keinen Fall unterschätzt werden. Ein Fachgeschäft für Trachtenmode wird in München besser funktionieren als in Hamburg, ein Printenfachgeschäft in Aachen besser als in Berlin und ein Geschäft für Karnevalsartikel in Köln besser als in Kiel. Manche Geschäftsideen funktionieren nur in Großstädten, andere vielleicht nur im Internet. Oft kann schon das entsprechende Stadtviertel eine Idee zu Grunde richten oder aber zum Blühen bringen.

Um einen Standort richtig beurteilen zu können, müssen Sie ihn sowohl unter dem Gesichtspunkt des Umfeldes betrachten als auch die speziellen Eigenschaften des Betriebsortes berücksichtigen. Dabei spielen besonders die Faktoren Kundennähe, Kaufkraft und Nachfragepotenzial, Betriebsort, Konkurrenz, Arbeitskräftepotenzial sowie Arbeits- und Lebensbedingungen eine Rolle.

Kundennähe Der wichtigste Standortfaktor ist ganz ohne Zweifel die Kundennähe. Was man darunter zu verstehen hat, ist je nach Art des Unternehmens etwas ganz anderes. Bei einem Einzelhandelsunternehmen sollte es so sein, dass 70 Prozent aller potenziellen Kunden das Geschäft innerhalb von fünf Gehminuten erreichen können. Diese Aussage trifft natürlich nur auf Geschäfte zu, die Waren des täglichen Bedarfs anbieten, sowie auf den großstädtischen Bereich.

Bei Fachgeschäften sieht es anders aus, aber auch hier wird kein Kunde unendlich lange Anfahrtswege in Kauf nehmen wollen. 30 Minuten im Auto dürften die äußerste Grenze sein. So braucht ein hoch spezialisiertes Fachgeschäft im nördlichen Teil Hamburgs die Konkurrenz aus dem Süden kaum zu fürchten, da man ungefähr 40 Minuten braucht, um die Stadt per Auto zu durchqueren. Allerdings wäre von vornherein eine zentrale Lage besser – es sei denn, man beabsichtigt mit eigenen Filialen nicht nur den Norden Hamburgs, sondern auch den Süden, Osten und Westen abzudecken.

Selbst wenn Sie Ihre Waren oder Dienstleistungen per Internet verkaufen, sollten Sie sich Gedanken über den »Standort« machen. Wo und wie ist das Unternehmen im Internet zu finden: Ist eBay die alleinige Plattform, oder sollte man weitere Zugänge etablieren?

Der reale Standort ist auch dann keineswegs ohne Bedeutung, wenn Sie die Dienstleistung bei den Kunden erbringen müssen, vor allem wenn damit zu rechnen ist, dass die Kunden Ihr Unternehmen aufsuchen wollen, und sei es nur, um die Waren vor Ort zu begutachten.

Kaufkraft und Nachfragepotenzial Im direkten Zusammenhang mit der Kundennähe stehen auch die Kaufkraft und das Nachfragepotenzial. Kaufkraft bedeutet, dass Ihre Kunden nicht nur bereit, sondern auch in der Lage sind, Ihre Preise zu bezahlen. Nachfragepotenzial heißt, dass genügend dieser Kunden vorhanden sind.

Im Grunde genommen ist diese Überlegung eine Selbstverständlichkeit, und dennoch werden gerade in dieser Hinsicht immer wieder grobe Fehler gemacht. Das liegt ganz einfach daran, dass das Wunschdenken in den Köpfen von Existenzgründern gelegentlich stärker ist als der Realitätssinn.

Manchmal liegt es aber auch nur daran, dass ein Existenzgründer seine Heimatregion nicht verlassen möchte oder fürchtet, in einer neuen Umgebung nicht zurechtzukommen. Man braucht sich dabei gar nicht so unterschiedliche Gebiete vor Augen zu führen wie das Frankfurter Bankenviertel im Vergleich zum ländlichen Raum von Mecklenburg-Vorpommern. Innerhalb von Köln reicht es schon, auf die andere Rheinuferseite zu wechseln, um mit einem gänzlich anderen Publikum konfrontiert zu werden.

Betriebsort Sind die Fragen zu den Kunden und dem Nachfragepotenzial geklärt, sollte man sich noch einmal grundsätzlich Gedanken über den Betriebsort machen. Die Gemeindewirtschaftssteuer wird, wie der Name schon sagt, von der jeweiligen Gemeinde erhoben. In bestimmten Fällen kann es sich durchaus lohnen, mit seinem Unternehmen kurz hinter eine Gemeindegrenze zu ziehen oder auch das Bundesland zu wechseln. Die gleichen Überlegungen gelten für die Preise von Grundstücken, für Miete oder Pacht sowie für Strom, Wasser, Abwasser und andere Entsorgung.

Für manche Unternehmen sind diese Kosten nur von marginaler Bedeutung. Wenn es sich um einen reinen Bürobetrieb handelt, werden die Nebenkosten kaum entscheidend sein. Handelt es sich jedoch um einen Produktionsbetrieb, bei dem große Abwassermengen anfallen, kann das schon wieder ganz anders aussehen.

Die Höhe der Miete hängt von der Attraktivität des jeweiligen Standortes ab. Für einige Unternehmen kann es entscheidend sein, sich in bester Lage anzusiedeln, vielleicht nur in kleinen, aber repräsentativen Räumen, für andere ist es eher unwichtig und würde hinausgeworfenes Geld bedeuten. Beispiel Frankfurt: Wer exklusive Kleidung verkaufen will, sollte sie in Sichtweite der Goethestraße anbieten. Wer gebrauchte Klamotten anbietet, kann irgendwo im Ostend im Hinterhof verkaufen.

Von viel größerer Wichtigkeit kann es dann zum Beispiel sein, nicht nur über ausreichend Parkplätze zu verfügen, sondern sowohl von Kunden als auch von Lieferanten ohne Probleme gefunden zu werden. Wer große Haushaltsgeräte wie Kühlschränke oder Herde ab Lager zum günstigen Mitnahmepreis verkaufen möchte, wird keinen Geschäftserfolg haben, wenn es keine Parkplätze vor der Tür gibt und die Kunden zehn Minuten bis zum nächsten Parkhaus laufen müssen.

Anwesenheit von Konkurrenz Die Abwesenheit von Konkurrenz wird häufig gerade von Existenzgründern überbewertet – oder sogar völlig falsch eingeschätzt. Zu glauben, dass man seine Waren oder Dienstleistungen besonders dort gut verkaufen kann, wo weit und breit keine Konkurrenz ist, stellt sich oft als Irrtum heraus. Oft genug gibt es nämlich nur deshalb keine Konkurrenz, weil es in dieser Gegend auch keine Kundschaft gibt.

Heutzutage verwendet man den Begriff »Cluster« (engl.: Traube, Büschel) dafür, dass sich in einer bestimmten Region eine ganz bestimmte Art von Unternehmen mit ähnlichen oder gleichen Angeboten ansiedelt. Nicht umsonst gibt es in den Städten Bankenviertel, Ärztehäuser oder Straßenzüge, in denen ein Modegeschäft neben dem anderen oder eine Galerie neben der anderen angesiedelt sind. Die verschiedenen Praxen, Geschäfte oder Dienstleister verdienen ihr Geld nicht trotz der großen Konkurrenz, sondern gerade wegen der Konkurrenz.

Eine bestimmte Straße oder ein bestimmter Gebäudekomplex wird für die Kunden nämlich deshalb erst zum Magneten, weil sie dort alles finden, was sie suchen, weil sie die Auswahl haben und eine Angebotsübersicht erhalten können. Es geschieht auch nicht ohne Grund, dass die Discounter Aldi und Lidl ihre Märkte heute immer häufiger direkt nebeneinander eröffnen. Natürlich überschneidet sich das Warenangebot in einem gewissen Spektrum, aber bestimmte andere Waren bekommt man nur bei dem einen oder dem anderen. Je näher und bequemer die Alternative für den Kunden liegt, desto lieber macht er sich überhaupt auf den Weg zu den Läden auf der grünen Wiese.

Arbeitskräftepotenzial Die meisten Existenzgründer (67 Prozent) machen sich zwar ohne Mitarbeiter selbstständig, trotzdem sollte bei der Standortauswahl aber auch die Arbeitskräfteverfügbarkeit mit berücksichtigt werden. Hier ist die Situation ebenfalls durchaus zweischneidig: Im ländlichen Raum sind zwar Mieten und Grundstücke günstiger als in der Stadt, wahrscheinlich ist auch die Gemeindewirtschaftssteuer niedriger, aber das Potenzial an qualifizierten Arbeitskräften ist dagegen deutlich geringer. Diejenigen, die gut ausgebildet und leistungsfähig sind, haben meistens einen festen Arbeitgeber und werden nicht zu einem Existenzgründer wechseln. Auch das Potenzial an einfachen Hilfskräften ist nicht ohne weiteres zu mobilisieren, da gerade diese Arbeitnehmer wenig mobil sind.

Arbeits- und Lebensbedingungen Es gibt jedoch auch durchaus Beispiele dafür, dass besonders attraktive Arbeitgeber – vor allem aus der Hightech-Branche – gezielt in den ländlichen Raum ziehen, weil sie wissen, dass ihnen die hoch qualifizierten Spezialisten folgen werden, wenn nicht nur die Arbeitsbedingungen, sondern auch die Lebensbedingungen für die Familie in der entsprechenden Region stimmen. Dazu gehört zum Beispiel ein ausreichendes Angebot an Schulen und Kindergärten. Diese hoch qualifizierten Spezialisten, die ohnehin weit mehr als 40 Stunden pro Woche am Arbeitsplatz verbringen, entscheiden sich für Arbeitgeber im Grünen besonders dann gern, wenn sie dort auch noch eine »Wüstenprämie« erhalten.

Checkliste: Was Sie bei der Standortwahl berücksichtigen sollten

Standortfaktor	Wichtigkeit			Bedingungen		
	A	B	C	gut	mittel	schlecht
Kundennähe						
Nachfragepotenzial						
Kaufkraft						
Angebot an geeigneten Räumen						
Angebot an geeigneten Flächen						
Gemeindewirtschaftsteuer						
Fördermittel						
Grundstückspreise						
Mieten, Pacht und Kaufpreise						

Standortfaktor	Wichtigkeit			Bedingungen		
	A	B	C	gut	mittel	schlecht
Energie- und Entsorgungskosten						
Erreichbarkeit für Kunden und Lieferanten						
Autobahnanschluss						
Parkplatzangebot						
Attraktivität des Standortes						
Anwesenheit von Konkurrenzfirmen						
Angebot an Arbeitskräften						
Qualifikation der Arbeitskräfte						
Nähe zu Hoch-/ Fachhochschulen						
Nähe zu Forschungseinrichtungen						
Luftverkehrsanbindung						
Überregionale Bahnverbindungen						
Öffentliche Verkehrsmittel						
Wohnungs-/Hausangebot						
Schulen und Kindergärten						
Kulturelles Angebot						

Standortfaktor	Wichtigkeit			Bedingungen		
	A	B	C	gut	mittel	schlecht
Naherholungsmöglichkeiten						
Medizinische Versorgung						

Was heißt Problemlösung oder Bedarfsdeckung?

Die Frage, ob ein bestimmtes Produkt oder eine bestimmte Dienstleistung langfristig ein Problem löst oder einen Bedarf deckt, ist nur in den seltensten Fällen objektiv zu beantworten. Die Antwort unterliegt meistens den subjektiven Kriterien der Kunden. Neue Technologien spielen dabei ebenso eine Rolle wie die Veränderung von Einstellungen und Verhaltensweisen.

So wird sowohl die absehbare Veränderung im Altersaufbau der Gesellschaft als auch die Tendenz zu längeren Arbeitszeiten für qualifizierte Arbeitnehmer zu neuen Anspruchsprofilen führen. Immer mehr Menschen werden weder Lust noch Zeit haben, die Hausarbeit selbst zu erledigen. Aber es werden nicht billige Hilfskräfte gefragt sein, die nur anspruchslose Arbeiten erledigen, sondern Haushaltsmitarbeiter oder -mitarbeiterinnen, die ohne Aufsicht das Privatleben ihrer Kunden am Laufen halten.

Das Gleiche gilt auch für die Dienstleistungen des Handwerks. Noch ist der Heimwerkerboom ungebrochen, aber wenn das Handwerk erst einmal beginnt, gewerbeübergreifende Komplettlösungen anzubieten, kann sich das schnell wieder ändern. Viele hoch bezahlte Spitzenkräfte werden sich dann fragen, ob sie tatsächlich noch selbst zur Bohrmaschine greifen müssen, um mit mehr oder weniger Geschick einen Wandschrank aufzuhängen und eine Lampe anzuschließen, oder ob das nicht ein Dienstleister besser, schneller und unter dem Strich vor allem auch billiger erledigen kann.

In der Vergangenheit gab es immer wieder Geschäftsideen, die nicht funktionierten, weil sie nur scheinbar die Wünsche der Kunden trafen – so zum Beispiel der Lebensmittel-Bringservice. Die Kunden, die ihn in Anspruch nehmen sollen, sind Berufstätige und Leute, die einfach keine Zeit haben, um einkaufen zu gehen. Aber genau diese Zielgruppe braucht gar keinen vollen Kühlschrank, weil sie ihre Ernährungsgewohnheiten bereits auf ihren Lebensstil umgestellt hat. Wenn noch eingekauft wird, dann in erster Linie deshalb, weil man Spaß daran hat, und genau diesen Spaß möchte man sich vom Lebensmittel-Bringservice nicht nehmen lassen.

Vielleicht müsste diese Geschäftsidee nur stärker spezialisiert werden, etwa indem der Lebensmittel-Bringservice darauf achtet, dass stets eine ausreichende Menge einer bestimmten Mineralwassermarke im Haus ist, dass der Lieblingsjoghurt stets im Kühlschrank steht und frisches Obst vorhanden ist. Dieser Service funktioniert aber wahrscheinlich nur dann, wenn ein vertrauenswürdiger »guter Geist« den Servicemann in die Wohnung lässt.

Eine andere Geschäftsidee, die nicht wie erwartet den Kundenwünschen entsprach, war die des Fototeller-Herstellers:

Beispiel

Schon vor mehr als zwanzig Jahren versuchte man die Geschäftsidee des Fototeller-Herstellers erfolgreich zu verkaufen, und man versucht es heute immer noch. Mit einem Einsatz von nur 5 000 bis 7 000 DM könne der Existenzgründer tolles Geld verdienen, hieß es damals. Denn die Fototeller eigneten sich als Werbungsträger für Klubs, Sammler und religiöse Gemeinschaften, Firmen und Gruppierungen, als Werbegeschenke für Unternehmen und als Geschenk für Festlichkeiten wie Hochzeiten, Verlobungen, Festtage, Namenstage, Geburtstage und Jubiläen.

Die Herstellung eines Fototellers ist ganz leicht. Man klebt einfach ein Foto oder ein anderes Bild auf das Porzellan, streut Glasur darüber und brennt das Ganze in einem Spezialofen. Investieren muss man in den Kauf eines Ofens, der dazugehörigen Glasur, einer Rundschneidemaschine für die Fotos sowie der Teller oder anderer Porzellangegenstände. Dann braucht man nur noch seine Kunden zu suchen – und genau hier liegt das Problem. Die Begeisterung für Fototeller hält sich arg in Grenzen. Die Anbieter der Geschäftsausstattung – und die Verkäufer dieser Geschäftsidee – haben mit Fototellern gutes Geld verdient. Dass dies bisher aber auch einem Existenzgründer als Fototeller-Hersteller und -Verkäufer gelang, ist nicht bekannt.

Fahrräder gehören schon seit Beginn des 20. Jahrhunderts überall zum Straßenbild. Als Transportmittel sind sie aber in Deutschland immer mehr vom Auto verdrängt worden. Dass dann seit Mitte der 80er Jahre wieder Fahrradgeschäfte und Reparaturwerkstätten eröffneten, hat etwas mit dem wachsenden Umwelt- und Gesundheitsbewusstsein zu tun. Es werden immer noch weitaus mehr Fahrräder gekauft als gefahren, und gerade teure Hightech-Fahrräder finden zunehmend anspruchsvolle Käufer – für Sie als Fahrradverkäufer natürlich erfreulich!

Allerdings muss wie so oft bei spezialisierten Händlern der Verkäufer sein Produkt auch »leben«. Wer also eher der übergewichtige Zigarrenraucher-Typ ist, wird es mit seiner Kundschaft in einem modernen Fahrradladen nicht leicht haben. Bei so persönlichen Produkten muss die »Chemie« zwischen Kunde und Verkäufer stimmen, der Verkäufer muss seine Ware oder Dienstleistung auch verkörpern.

Checkliste: Problemlösung und Bedarfsdeckung

- ○ Was ist das Besondere an Ihrem Produkt beziehungsweise Ihrer Dienstleistung im Vergleich zur Konkurrenz?
- ○ Welche Marktnische wollen Sie besetzen?
- ○ Welchen besonderen und bisher nicht abgedeckten Kundennutzen bieten Sie an?
- ○ Welche neue Lösung bietet Ihr Produkt oder Ihre Dienstleistung für ein bestimmtes Problem?
- ○ Welche Eigenschaft Ihres Produktes beziehungsweise Ihrer Dienstleistung trägt dazu bei, diese Problemlösung besser, effektiver oder leichter zu bewältigen?
- ○ Welche besonderen Qualitätsmerkmale hat Ihr Produkt oder Ihre Dienstleistung gegenüber den Angeboten der Konkurrenz?
- ○ Welches besondere Image vermitteln Sie über Ihr Produkt oder über Ihre Dienstleistung?
- ○ Welche Emotionen sprechen Sie mit Ihrem Produkt oder Ihrer Dienstleistung an?
- ○ Passt Ihr Produkt oder Ihre Dienstleistung zu einem aufkommenden Modetrend?
- ○ Wie wichtig sind folgende Faktoren für Ihre Kunden?
  - technischer oder praktischer Nutzen
  - Qualität
  - Preis
  - ästhetisches Design
  - Image

- Modetrend
- emotionales Erlebnis
- Umweltfreundlichkeit

Das Gefühl entscheidet, ob der Preis stimmt

Wer eine Existenz gründet, muss automatisch in zwei neue Rollen schlüpfen, die ihm in der Regel aus der Sicht eines Unternehmers nicht vertraut sind: die des Einkäufers und die des Verkäufers. Jeder Existenzgründer wird sich deshalb nicht nur mit dem spezifischen Rollenverhalten vertraut machen müssen, das diesen beiden Funktionen abverlangt wird, sondern er sollte sich auch recht ausgiebig mit dem Thema Preispsychologie befassen – denn schließlich geht es um seinen Umsatz und seinen Gewinn. Aus betriebswirtschaftlicher Sicht werden Preise so kalkuliert, dass jedes Produkt oder jede Dienstleistung nicht nur die eigenen Kosten deckt, sondern auch einen allgemeinen Kostendeckungsbeitrag liefert und Gewinn erwirtschaftet. Das ist jedoch nur ein Aspekt.

Preise sind zu einem ganz wesentlichen Teil Unterscheidungsmerkmale. Ein niedriger Preis kann den Umsatz eines Produktes oder einer Dienstleistung ebenso ankurbeln wie ein hoher: Hohe Preise sind nämlich ein Signal für die Knappheit eines Gutes. Nicht selten werden für exklusive Automodelle oder auch für seltene Uhrenmodelle Preise gezahlt, die über den Empfehlungen des Herstellers liegen, und zwar ganz einfach deshalb, weil bestimmte Leute mit ausreichend Geld nicht gewillt sind, jahrelang zu warten, bis sie dieses spezielle Produkt in Empfang nehmen können. Ein Beispiel ist die Luxusuhr »Cosmograph Daytona« aus dem Hause Rolex, in der Ausführung in Edelstahl. Diese Uhr wird deutlich über dem bereits sehr hohen Preis des Herstellers gehandelt. Wer sich in spezifischen Märkten so genau auskennt, kann gutes Geld verdienen. Es hilft aber nur beste Branchenkenntnis, wenn man in engen Nischen erfolgreich sein will.

Preis und Produktleistung haben oft überhaupt nichts miteinander zu tun. Es gehört zu den Regeln der Preispsychologie, Kontraste zu schaffen. Dazu braucht man drei ähnliche Produkte oder Dienstleistungen: Produkt 1 ist für jeden erkennbar teuer, verfügt aber auch über (überflüssige) Eigenschaften, die die anderen beiden Produkte nicht aufweisen. Produkt 2 hat einen gehobenen mittleren Preis und verfügt über nahezu die gleiche Ausstattung wie Produkt 1, aber eben nicht ganz. Produkt 3 ist deutlich billiger, aber auch erkennbar schlechter und mit deutlich weniger Leistung.

Nach dem gleichen Prinzip lassen sich auch Dienstleistungen gestalten. Man braucht nur auf die Preistafel eines Friseurs zu schauen: Da gibt es ein luxuriöses Komplettangebot, bei dem nicht nur die Haare gewaschen und geschnitten werden, sondern man erhält auch noch eine Kopfhautmassage oder Ähnliches sowie eine ausgiebige Typberatung. Das Angebot am unteren Ende besteht aus purem Haare schneiden. Die meisten Kunden entscheiden sich für das mittlere Angebot.

Und so ist es auch bei dem Verkauf von Produkten. Als Verkäufer erklärt man zuerst ausgiebig das teuerste Modell und geht dann Schritt für Schritt von Modell 1 zu Modell 3. In der Regel wird sich der Kunde für Modell 2 entscheiden – was auch von Anfang an beabsichtigt war. Das teure Modell wird so gut wie nie verkauft, es hat nur die Funktion, das Modell auf Platz 2 gut und günstig aussehen zu lassen. Modell 3 ist dann die Alternative für die Kunden, die einfach nicht mehr ausgeben können oder wollen.

Dies gilt oft, aber nicht immer. Schauen wir auf die aktuelle Situation im Einzelhandel: Da können hochpreisige Luxusanbieter in der Innenstadt und Discounter auf der grünen Wiese gleichzeitig erfolgreich sein. Die mittlere Kategorie, zum Beispiel die klassischen Kaufhäuser, fallen beim Kunden zunehmend durch. Man kann also nicht generalisierend über Waren, Kategorien oder Handelsformen urteilen, entscheidend ist die konkrete Situation im jeweiligen Moment.

Was man bei Preissenkungen beachten muss

Viele Unternehmen versuchen durch Preissenkungen oder Sonderangebote Einfluss auf die Entscheidung ihrer Kunden zu nehmen. Die wichtigste Frage lautet dabei: Ab wann wird ein Preis vom Kunden als so viel günstiger als der Ursprungspreis empfunden, dass es seine Kaufentscheidung beeinflusst? Auch das haben Psychologen empirisch erforscht: Ein Preis muss sich um mindestens 5 Prozent ändern, damit er von zwei Drittel der getesteten Verbraucher überhaupt als verändert wahrgenommen wird. Aber erst eine Veränderung von 10 Prozent macht die Kunden wirklich mobil. Das bedeutet in der Praxis, dass kaum jemand auf eine Preissenkung von 100 Euro auf 96 Euro reagiert. Senkt man den Preis auf 95 Euro, wird die Preissenkung wahrgenommen, und bei einem Angebot von 90 Euro kommen die Kunden.

Es gibt aber noch einen Effekt, der beachtet werden muss: Je höher der Ausgangspreis ist, desto größer muss die Veränderung innerhalb der Spanne zwischen 5 und 10 Prozent ausfallen, um für den Käufer einen tatsächlichen Unterschied auszumachen. Wenn ein Produkt 1 000 Euro kostet, dann nützt es nicht sehr viel, es auf 950 Euro herabzusetzen – wahrscheinlich ist es besser, auf 900 Euro herunterzugehen. Kostet das Produkt aber nur 10 Euro, können schon 9,25 Euro eine starke Signalwirkung haben.

Bei dem Thema Original- oder Listenpreis im Verhältnis zum Angebotspreis sind noch weitere Regeln zu beachten:

Beim Kauf von Luxusgütern spielen Preisunterschiede eine geringere Rolle als beim Kauf von Gütern des täglichen Bedarfs.

Männer achten weniger stark auf Preisunterschiede als Frauen, deshalb kann man bei Produkten, die ausschließlich oder überwiegend von Männern gekauft werden, weniger großzügig bei der Rabattierung sein.

Bei Markenartikeln, deren Preise der Kunde eher zu kennen glaubt, wirken sich Preisnachlässe früher aus als bei No-Name-Artikeln. Das ist übrigens auch ein Grund, weshalb jeder Existenzgründer versuchen sollte, sich selbst, seinen Produkten oder seinen Dienstleistungen eine Art Markencharakter zu verleihen.

Dass auch die Ziffern eines Preises selbst für die Wahrnehmung beim Kunden eine große Rolle spielen, ist allgemein bekannt. Nicht umsonst enden so viele Preise mit den Ziffern 99 hinter dem Komma. Eine ungerade Zahl wird immer als erheblich niedriger wahrgenommen als die nächsthöhere gerade. Das ist auch bei Preissenkungen zu beachten. Senkt man den Preis von einer ungeraden Zahl auf eine gerade, nimmt der Kunde diese Veränderung weniger wahr. Insgesamt werden Unterschiede zwischen ungeraden Zahlen stärker registriert als zwischen geraden Zahlen. Der Kunde reagiert stärker bei einem Preisunterschied von 7,99 zu 5,99 Euro, als wenn der Preisunterschied zwischen 8 und 6 Euro liegt.

Auch die erste Zahl hinter dem Komma ist von größerer Bedeutung als die zweite. Ob etwas 2,49 oder 2,43 Euro kostet, macht für den Kunden so gut wie keinen Unterschied. Der Unterschied fällt dem Käufer erst auf, wenn er die 6 Cent spart, weil von 2,45 auf 2,39 Euro reduziert wurde.

Tipps zum Umgang mit Smart-Shoppern

Jeder, der heute eine Ware oder Dienstleistung verkauft, wird sich auf so genannte Smart-Shopper einstellen müssen. Das sind Kunden, die auf jeden

Fall mit Ihnen um den Preis ringen werden – nicht etwa, weil sie den geforderten Preis nicht zahlen können, sondern weil sie ihn nicht zahlen wollen. Der Sieg in einem Preiskampf ist für jeden Smart-Shopper die Krönung eines Einkaufs, nicht der Erwerb eines Produkts selbst.

Die Standardstrategie im Umgang mit einem Smart-Shopper heißt: ablenken und durchhalten. Als Verkäufer wiederholt man immer wieder die bereits genannten Argumente, liefert Hinweise auf günstigere Angebote, die den Preisvorstellungen des Smart-Shoppers auch ohne Rabatt entsprechen, und hebt den eigenen Service und die Kulanz hervor. Doch meist fruchtet das alles nicht.

Irgendwann kommt der Smart-Shopper im Laufe des Verkaufsgesprächs mit der Behauptung, dass er oder ein Freund bereits einmal einen Rabatt eingeräumt bekommen habe. Diese Behauptung muss der Verkäufer auf jeden Fall hinterfragen: Wann wurde welches Produkt von wem günstiger verkauft? Wenn der Smart-Shopper darauf keine plausiblen Antworten hat, ist er wahrscheinlich schlecht vorbereitet ins Geschäft gekommen.

Als Nächstes wird der Smart-Shopper fordern, dass er den Chef sprechen möchte. Wahrscheinlich sind Sie das selbst. Hat ein Mitarbeiter das Gespräch begonnen, sollten Sie weder dem Mitarbeiter in den Rücken fallen noch den Kunden dadurch vergraulen, dass Sie sich stur stellen. Benutzen Sie einfach die gleichen Argumente, mit denen Ihr Mitarbeiter in die Preisverhandlungen gegangen ist.

Gleichgültig, ob Sie von vornherein den Kunden bedient haben oder zunächst jemand anders, Sie beginnen jetzt vom Käufer Gegenleistungen zu fordern. Das machen Sie, indem Sie entweder ein höherpreisiges Produkt ins Spiel bringen, nach dem Motto: »Auf diesen Festplatten-Recorder kann ich Ihnen keinen Rabatt geben, aber auf das andere Modell«, oder indem Sie fordern, dass der Kunde noch ein paar andere Produkte kaufen soll, damit eine höhere Gesamtsumme zustande kommt, über die man dann sprechen kann.

Wenn der Kunde sich darauf einlässt, geht es jetzt darum, in welcher Form der Rabatt gewährt wird. Jede Form von Naturalrabatt ist für Sie als Verkäufer günstiger: Bei Autos gibt es deshalb eine Zusatzausstattung, bei Anzügen wird eine Krawatte draufgelegt und bei Unterhaltungselektronik gibt es noch eine Gratis-DVD dazu.

Jeder, der eine Ausbildung zum Verkäufer gemacht hat, weiß, dass man einem Kunden niemals einen prozentualen Nachlass gewähren darf. Denn wenn ein Kunde auch nur einmal einen Rabatt von 20 Prozent bekommen hat, wird er ihn immer wieder fordern. Sie dürfen also immer nur über absolute Beträge sprechen, und es bleibt dem Kunden überlassen, diese in Prozente umzurechnen.

Manche Smart-Shopper werden anbieten, das Produkt auch ohne Rechnung zu nehmen, was vielleicht jungen Existenzgründern mit einem kleinen Laden durchaus verlockend erscheint. Als Verkäufer müssen Sie jedoch hart bleiben. Ihr Argument sollte dabei lauten: Ohne Rechnung kann der Kunde auch keine Garantieansprüche geltend machen.

Loben Sie Ihren Kunden als verständnisvollen Fachmann, der Qualität und Leistung zu würdigen weiß, hofieren Sie ihn. Wenn Sie sich noch nicht geeinigt haben, lenken Sie sein Augenmerk noch auf andere Produkte. Auf jeden Fall müssen Sie dafür sorgen, dass Ihr Kunde den Laden nicht verlässt, ohne gekauft zu haben. Bringen Sie den Handel zum Abschluss, aber eben nicht um jeden Preis.

Wenn Sie zum Kunden gehen müssen

Viele Existenzgründer werden in der Situation sein, dass ihre Kunden nicht zu ihnen kommen, dass sie die Verkaufssituation also nicht in den eigenen Räumen gestalten können, sondern dass sie zum Kunden gehen müssen. Die meisten neuen Selbstständigen ahnen gar nicht, was sie erwartet, wenn sie auf professionelle Einkäufer treffen. In vielen Unternehmen gibt es immer noch so genannte »Einkaufszimmer«, die speziell für diesen Zweck eingerichtet sind. Sie ähneln eher den Verhörräumen in schlechten Kriminalfilmen. Die Zimmer sind extrem karg und schmucklos ausgestattet, das Mobiliar ist billig, die Stühle sind hart und unkomfortabel, das Licht ist dämmerig. Und der Einkäufer sitzt grundsätzlich mit dem Rücken zum Fenster, sodass der Verkäufer im Zweifelsfall in die Sonne blinzeln muss. In diesen Einkaufszimmern werden die Verkäufer auf jeden Fall nicht wie Gäste behandelt, es gibt meist weder Kaffee noch irgendeine andere Erfrischung.

Sie können sicher sein, dass sich ein Einkäufer, der schon mit solchen äußerlichen Methoden arbeitet, auch extrem gut auf das Gespräch vorbereitet hat und im Zweifelsfall sogar besser über die Konditionen Ihrer Konkurrenz Bescheid weiß als Sie. Wahrscheinlich haben Ihre Wettbewerber kurz vor Ihnen auf demselben Stuhl gesessen.

Ein solcher Einkäufer betrachtet das Verkaufsgespräch nicht als Klärung, ob man überhaupt miteinander ins Geschäft kommen kann, er will auch keine Möglichkeiten ausloten, sondern er will Leistungen oder Produkte, die er vorher für sich selbst präzise definiert hat, zu einem ebenfalls vorher festgelegten Preis erwerben. Es interessiert ihn dann auch nicht, ob eine andere Leistung für ihn sinnvoller wäre oder ein anderes Produkt nützlicher.

Man kann sich auf diese Art von Einkäufern einlassen oder auch nicht. Viel besser ist es jedoch, in einem Unternehmen mit den entsprechenden Fachleuten zu sprechen, weil man dort Qualität und Leistung als Gesprächsgrundlage wählen kann und nicht auf den Preis allein fixiert ist. Noch besser ist es allerdings, und sei es auch nur unter dem Vorwand, dem Kunden das Unternehmen vorstellen zu wollen, ihn zu sich selbst einzuladen.

Wodurch zeichnet sich die richtige Kommunikation aus?

Die richtige Kommunikation mit der entsprechenden Zielgruppe ist von entscheidender Bedeutung für den Geschäftserfolg. Kommunikation ist hier im abstrakten Sinne gemeint, weil jeder Existenzgründer ganz speziell für seine Situation entscheiden muss, wie er mit seiner Zielgruppe zu kommunizieren gedenkt. In einem Fall kann Anzeigen- oder Direktwerbung die richtige Lösung sein, in einem anderen vielleicht Pressearbeit und Event-Marketing, in einem dritten von jedem etwas und in einem vierten Fall keines von alledem.

Kommunikation bedeutet, dass man zu seiner Zielgruppe eine interaktive Verbindung herstellt und sie eben nicht nur einseitig informiert. Aber schon die Frage nach der Zielgruppe kann bei manchen Existenzgründungen Probleme aufwerfen. Ein Hundefriseur hat es verhältnismäßig einfach: Seine Zielgruppe sind Besitzer von langhaarigen Hunden, die gelegentlich oder regelmäßig einen Haarschnitt brauchen. Alle anderen Tierbesitzer und erst recht Leute ohne Tiere kann er als Zielgruppe ausschließen. Das bedeutet aber nicht, dass sie auch bei der Kommunikation keine Rolle spielen, denn schließlich kann auch jemand, der keinen Hund hat, einen Hundefriseur weiterempfehlen an jemanden, der einen solchen sucht.

Netzwerke nutzen

Die Idee des Small-World-Phänomens, dass nämlich jeder Mensch mit jedem anderen auf diesem Planeten im Prinzip über nur sechs Schritte verbunden ist, findet auch im Bereich der Unternehmenskommunikation immer mehr Eingang. Das Augenmerk richtet sich immer stärker auf Netzwerke, die bestehen oder neu errichtet werden, in jedem Fall aber gepflegt werden müssen. Je besser ein solches Netzwerk funktioniert, desto größer ist der Kommunikationserfolg. Schließlich geht es darum, dass man den potenziellen Kunden hilft, ihre bestehenden Probleme, Mängel und Defizite zu entdecken, um ihnen dann dafür Lösungen anzubieten.

Damit man Sie als Problemlöser wählt, müssen Sie auf Ihre Kunden entsprechenden Einfluss nehmen. Direkt können Sie es nur, wenn Sie ihnen persönlich gegenüberstehen. Ansonsten sind Sie auf Helfer in den Netzwerken angewiesen. Die wichtigsten Personen in einem Netzwerk sind

- der Vermittler,
- der Kenner und
- der Verkäufer.

Der Vermittler ist das, was man gemeinhin einen »kommunikativen Typ« nennt. Sein Notizbuch ist randvoll mit Adressen, er kennt Gott und die Welt. Er hat Spaß daran, andere stets über Neuheiten zu informieren. Entweder macht er es aus Privatvergnügen, indem er seine Arbeitskollegen in der Mittagspause oder seine Freunde beim Arbeitsessen über neueste Entwicklungen informiert. Oder er macht es ganz professionell als Journalist. Je mehr Kontakt Sie zu Vermittlern haben, umso besser für Sie.

Die Kenner sind Leute, die um Rat gefragt werden und dann Empfehlungen aussprechen. Auch hier gibt es wieder Spezialisten für fast jeden Produkt- und Dienstleistungsbereich, und auch hier reicht das Spektrum vom Privatbereich bis zu den professionellen Beratern. Die einen wissen, wo man die besten italienischen Spezialitäten bekommt, die anderen, welche Satellitenschüssel man sich kaufen sollte, und die dritten, wo man günstig eine Segelyacht mit Kapitän chartern kann. Die meisten beratenden Berufe leben von ihrer Kennerschaft.

Die Rolle des Verkäufers steht am Ende eines Netzwerkkontakts. Das sind in der Regel Sie selbst. Es liegt an Ihnen, welche Instrumente der Einflussnahme Sie benutzen, um Ihre Kunden zu überzeugen. Dabei kommt es nur zu einem bestimmten Teil darauf an, was Sie erzählen. Viel wichtiger ist die nonverbale Kommunikation sowie die Art und Weise, in der Sie Einfluss ausüben. Entweder befolgen Sie die Regel der Reziprozität, nach dem Motto »kleine Geschenke erhalten die Freundschaft«: Wenn Sie Ihrem Kunden etwas schenken, dürfen Sie erwarten, dass auch er sich gefällig zeigt. Oder Sie benutzen das Prinzip der sozialen Bewährtheit: Einige machen etwas vor, andere machen es nach. So entstehen Moden. Oder Sie versuchen Ihre Kunden mit Sympathie oder Autorität zu überzeugen. Egal was Sie machen, immer werden es eher die nonverbalen Signale sein, die Vertrauen und Zutrauen schaffen.

Wie welche Netzwerke funktionieren, ist im höchsten Maße unterschiedlich. Bestimmte Modelabels werden überhaupt nicht in Geschäften mit großen Schaufenstern oder in Einkaufsstraßen angeboten. Die Verkaufsräume befinden sich in Hinterhöfen und Kellern. Manchmal bestehen die Geschäfte, wenn man sie überhaupt so nennen will, nur wenige Wochen. Nur Insider wissen, wo und wann man ein bestimmtes Hemd, ein bestimmtes Kleid oder ein bestimmtes Paar Schuhe kaufen kann. Und oft genug müssen die Kunden es sogar akzeptieren, dass sie nur eine bestimmte Anzahl dieser Kleidungsstücke erwerben dürfen. Aber wir alle wissen, dass die Kommunikation auch genau andersherum funktionieren kann und die Kunden erst dann die Geschäfte stürmen, wenn eine groß angelegte Werbekampagne erfolgt ist.

Aus dieser Tatsache ergibt sich auch eine direkte Beziehung zu der Dimension, in der eine Geschäftsidee realisiert wird: Niedrige Preise brauchen oft große Flächen, sei es nun bei einem Gebrauchtwagenhändler oder einem Elektronikfachmarkt. Wer hingegen exklusive Waren oder Dienstleistungen verkauft, wie zum Beispiel hochwertige Hi-Fi-Anlagen, antike Teppiche oder exklusives Coaching von Führungskräften, der kann es sich oftmals sogar leisten, die Kundschaft in seiner Privatwohnung zu empfangen.

Gründe für das spätere Scheitern von Existenzgründungen

Weiter oben wurde bereits erwähnt, dass immer noch viele Existenzgründungen scheitern: bereits ein Drittel direkt innerhalb der ersten vier Jahre, ein weiteres Drittel in den nächsten sechs Jahren. Dass auch noch so viele Existenzgründungen in den späteren Jahren scheitern, kann sehr verschiedene Gründe haben:

1. mangelnde Qualifikation als Unternehmer
2. mangelhafte Zahlenwerke
3. fehlende Zahlungseingänge
4. falsche Strukturen als Folge falscher Annahmen

5. fehlerhafte Umsetzung einer guten Idee
6. Personalfehler
7. zu schnelles Wachstum
8. private Probleme

1. Mangelnde Qualifikation als Unternehmer Fast alle Gründe für das spätere Scheitern einer Existenzgründung hängen mehr oder weniger direkt mit der Gründerperson zusammen. Oftmals reichen die Ursachen des späteren Scheiterns bis in die Zeit vor der Existenzgründung zurück. Viele Unternehmensgründer überschätzen ihre unternehmerische Kompetenz, und mehr als die Hälfte glaubt, die Spielregeln des Marktes außer Kraft setzen zu können. Kombiniert man diese heillose Selbstüberschätzung noch mit mangelnder Praxis und einer Führungsschwäche, so kann man sicher sein, dass dieser Existenzgründer nicht nur einen bombastischen Businessplan, sondern auch eine grandiose Pleite hinlegen wird.

Deutlich mehr als 40 Prozent aller Existenzgründer halten es für ihren wichtigsten Erfolgsfaktor, dass sie mit ihrer Idee die Ersten sind. Was sie dabei übersehen, ist die Tatsache, wie schnell es einem Konkurrenzunternehmen gelingen kann, sie einzuholen, wenn die Idee tatsächlich so erfolgsträchtig ist wie erwartet.

Die meisten Existenzgründer tragen eine rosarote Brille. Sie sehen nur ihre Stärken und die Chancen, aber weder ihre Schwächen noch die Risiken. Fast drei Viertel aller Existenzgründer halten es für nicht wichtig, ihre eigenen Schwachstellen zu analysieren, um sie realistisch einzuschätzen. Eine vollkommen perfekte Existenzgründung gibt es nicht. Wer seine Schwachstellen kennt, zu ihnen steht und versucht, sie auszugleichen, hat echte Chancen. Wenn jedoch die Schwachstellen ignoriert oder verdeckt werden, treten sie früher oder später doch ans Licht. Der Schaden, der dann entsteht, ist größer als der Dämpfer, den die Selbsteinschätzung bei einer realistischen Schwachstellenanalyse zu Beginn erhalten hätte.

Nur knapp die Hälfte aller Existenzgründer ist der Überzeugung, dass sie selbst einen Businessplan als Planungs- und Steuerungsinstrument für die Zukunft brauchen und dass er nicht nur für ihre Kreditgeber notwendig ist. Einige springen vollkommen unüberlegt ins kalte Wasser, anderen reicht es, Zahlen und Ziele nur so ungefähr über den Daumen anzupeilen. Sie warten in der Regel ab, was passiert und wie sich ihr Unternehmen entwickelt. Das mag bei der Imbissbude an der Ecke gut gehen, bei einer etwas komplexeren Unternehmensgründung reicht es sicherlich nicht.

Und fast zwei Drittel aller Teamgründungen leiden darunter, dass die Geschäftspartner alle aus dem gleichen Kompetenzbereich kommen. Ingenieure gründen mit Ingenieuren zusammen ihre Firma, aber nicht mit Kaufleuten. Und so sind wichtige Kernkompetenzen nur unzureichend vorhanden.

2. Mangelhafte Zahlenwerke Knapp drei Viertel aller Unternehmensgründer, die einen Businessplan schreiben, entwickeln einerseits eine übertriebene Scheingenauigkeit in ihrem Zahlenwerk, während an anderer Stelle wichtige Informationen oder Positionen fehlen oder falsch dargestellt sind. Diese Mängel setzen sich im Rechnungswesen des Unternehmens fort.

Viele überlassen den »Zahlenkram« wiederum als ungeliebte Übung überwiegend oder sogar ausschließlich ihrem Steuerberater. Dabei übersehen sie, dass die Zahlen extrem wichtige Auskünfte über den Kurs des Unternehmens geben, und die Steuerberater halten sich in der Regel genau an ihr Aufgabenspektrum und sehen sich nicht in einer Beteiligung an der Unternehmensführung. Auch ein kleines Unternehmen sollte anhand bestimmter Kennzahlen ein kontinuierliches Controlling durchführen und die erreichten Zahlen mit den Planzahlen im Business- und Finanzplan vergleichen.

Viele Existenzgründer unterschätzen auch den Finanzbedarf – der mit der Gründung selbst keineswegs abgeschlossen ist – und die damit verbundene Zinsbelastung. Wurden im Businessplan schon falsche Zahlen angenommen, stellt sich nach der Existenzgründung oft genug eine zu hohe Fixkostenbelastung heraus: Den Ausgaben stehen keine adäquaten Einnahmen gegenüber. Die Ursache hierfür liegt häufig in einer mangelhaften Kosten-Preis-Kalkulation. Wer seine Kosten nicht kennt, kann auch die Preise nicht richtig kalkulieren. Und es nützt wenig, sich an der Konkurrenz zu orientieren, wenn man deren Hintergrund nicht genau kennt.

Diesen Fehler machen aber nicht nur Existenzgründer. Bei vielen Familienbetrieben, die ein Ladengeschäft oder eine Werkstatt betreiben, gibt es immer wieder die absonderlichsten Mischkalkulationen. Wenn das Ladengeschäft zum Beispiel in einem ererbten Mietshaus liegt, werden Mieteinnahmen und Einnahmen aus dem Verkauf gemeinsam in einen Topf geworfen. Dass der Laden unrentabel und eigentlich schon längst pleite ist, wird so häufig vertuscht.

3. Fehlende Zahlungseingänge Dass sich die Zahlungsmoral in Deutschland in einem steilen Sinkflug befindet, ist schon lange kein Geheimnis mehr. Die Tugenden des ehrbaren Kaufmanns sind seit langem passé. Nicht einmal mehr die Hälfte aller Rechnungen wird innerhalb von 30 Tagen bezahlt. Dass diese Zahlungsverzögerungen aber für das Unternehmen, das den »Lieferantenkredit« bereitstellen muss, erhebliche Kosten verursacht, ist vielen Existenzgründern nicht bewusst. In ihrem jungen, aufstrebenden Unternehmen haben sie genug andere Sorgen und verzichten deshalb oft auf ein gut durchorganisiertes Mahnwesen.

Das Problem besteht einerseits darin, dass zwischen Lieferung beziehungsweise Leistung und Bezahlung generell eine Lücke klafft, die vorfinanziert werden muss, und andererseits selbst die vereinbarten Zahlungstermine vom Kunden einseitig hinausgeschoben werden und so eine erhebliche Planungsunsicherheit entsteht.

Gerade unerfahrene Unternehmer neigen dazu, bei Außenständen großzügig zu sein, weil sie fürchten, ihre neu gewonnenen Kunden gleich wieder zu verlieren. Das wird von manchen Auftraggebern schamlos ausgenutzt. Statt ihre offene Rechnung zu bezahlen, schieben sie lieber noch einen Auftrag nach und halten ihren Lieferanten so bei Laune – jedenfalls so lange, bis dieser das Spiel durchschaut. Leider gehören auch öffentliche Auftraggeber wie Kommunen, Städte und Landesämter inzwischen zu den schlechten Zahlern.

Zu einem guten Mahnwesen gehört übrigens nicht unbedingt der förmliche Brief – der greift eher im Endstadium, wenn es ernst wird. Gerade kleinere Unternehmungen haben oft gute Erfolge bei säumigen Kunden, wenn in freundlichstem Ton angerufen und in aller Ruhe an außen stehende Beträge erinnert wird. Leider tun sich gerade Gründer schwer, mit ihren säumigen Kunden direkt zu sprechen: Briefe schreiben fällt einfach leichter. Doch die direkte Ansprache funktioniert in der Regel besser. Wie Sie mit säumigen Kunden am besten umgehen, zeigt Ihnen die Checkliste *Forderungsmanagement – wie Sie an Ihr Geld kommen* auf Seite 142.

Viele junge Unternehmen konzentrieren sich zu stark auf wenige Kunden, wenn sie von diesen ausgelastet werden, und verzichten auf zusätzliche Akquisition. Gerade das 80:20-Prinzip – 80 Prozent der Umsätze werden mit 20 Prozent der Kunden getätigt – ist die Ursache dafür, dass Forderungsausfälle durch zahlungsunfähige Kunden in direkter Folge zur Insolvenz des Jungunternehmens führen.

4. Falsche Strukturen als Folge falscher Annahmen Dass sich strukturelle Fehler in einem Unternehmen einschleichen, hängt häufig genug mit einem Mangel an Informationen, der Selbstüberschätzung des Gründers, aber auch dem Goodwill-Vorschuss, den die ersten Geschäftspartner dem Existenzgründer entgegenbringen, zusammen.

Häufig wird aufgrund erster Bestellungen ein falsches Warensortiment zusammengestellt. Bleiben dann die Nachbestellungen aus, ist kein Kapital mehr vorhanden, um die Produktpalette zu verändern. Auch die Abhängigkeit von einem einzigen Vorlieferanten, und sei es nur im Bereich der Verpackungen, kann katastrophale Folgen haben, wenn dieser Lieferant ausfällt und seine Preise maßgeblich für die eigene Kostenkalkulation waren.

Saisonabhängige Hersteller sollten immer damit rechnen, dass durch unvorhergesehene Zwischenfälle, sei es ein Maschinenschaden oder ein Lagerbrand, das gesamte Unternehmen ins Wanken gerät, wenn nicht ausreichend Vorsorge für solche Zwischenfälle getroffen worden ist. Sind die Einnahmen einer Saison erst einmal ausgefallen, muss man in der Regel ein ganzes Jahr warten, bis man mit erneuten Einnahmen rechnen kann.

5. Fehlerhafte Umsetzung einer guten Idee Bei mehr als 80 Prozent der Existenzgründer ist die Untersuchung des Marktes unzureichend. Man begnügt sich mit Stichproben, und häufig ist allein der Wunsch Vater des Gedankens. Viele Existenzgründer verlassen sich auf die Annahme, dass die Nachfrage sich dann einstellen wird, wenn das Angebot erst einmal da ist. Insofern führt auch bei vielen erfolgreichen Existenzgründungen eher der Zufall Regie.

Von vielen wird auch der Faktor Marketing unterschätzt: Wer ein gutes Produkt oder eine gute Dienstleistung zu einem realistischen Preis anbietet, kann sich oft nicht vorstellen, dass trotz alledem ein erheblicher Aufwand an Marketing notwendig ist, um Kunden zu gewinnen.

Gerade bei technischen oder Design-Produkten wird immer wieder deutlich, dass der Hersteller die Qualität, die teilweise bis in die kleinsten Details reicht, vollkommen überschätzt und dabei den eigentlichen Bedarf des Kunden oder auch gewisse Rahmenbedingungen übersieht.

Beispiel

Als in Deutschland kalligraphisches Schreiben zu einer kurzfristigen Mode wurde, bot ein Unternehmen handgedrechselte Federhalter mit antiken Federn an. Die Kunden mochten diese Schreibgeräte auch und akzeptierten die zum Teil exorbitanten Preise. Dass die Federhalter sich dann trotzdem nicht so gut verkauften wie erwartet, lag ganz einfach daran, dass auf dem Markt keine brauchbaren Tintenfässer verfügbar waren. Als diese dann von anderen Unternehmen hergestellt wurden, war der Schönschreib-Boom längst wieder abgeebbt und der Federhalter-Hersteller schon vom Markt verschwunden.

Selbst mit noch so guten Produkten wird man das Konsumentenverhalten nicht steuern können, und immer mehr Branchen geraten in eine Mode- und Trendabhängigkeit, deren Entwicklung kaum vorherzusagen ist.

6. Personalfehler Gerade kleinere Unternehmen können durch Fehler bei der Personalauswahl oder bei der Gestaltung des Arbeitsvertrags in erhebliche Schwierigkeiten kommen. Es ist verständlich, dass sich jeder Bewerber für eine offene Stelle im Bewerbungsgespräch von seiner Schokoladenseite zeigt. Viele junge Unternehmer scheuen davor zurück, den Bewerbern massiv auf den Zahn zu fühlen oder einem sympathischen Menschen eine Absage zu erteilen, wenn er während der Probezeit nicht den gewünschten Anforderungen entspricht. Hoffnung auf Besserung und das Herumdoktern an Qualifikationsmängeln kosten jedoch Zeit und Geld. Unzureichende Qualifikationen stehen oft in direkter Beziehung zu Kostensteigerungen und Umsatzeinbußen, etwa wenn aufgrund von Fehlern der Mitarbeiter ein Kunde abspringt.

Manche Existenzgründer sind nicht nur euphorisch, was ihre eigene Idee angeht, sondern auch großzügig in Gehaltsverhandlungen – besonders dann, wenn es ihnen gelungen ist, günstige Kredite zu ergattern. Vorsichtige Unternehmer halten ihre Personaldecke stets knapp und wählen nach Möglichkeit andere Formen als die Festanstellung, um ihren Personalbedarf zu decken. Das mag zwar nicht im Interesse der Arbeitsmarktpolitik sein, ist für ein junges Unternehmen aber oft lebenswichtig.

Zu einem guten Unternehmer gehört schließlich auch die Personalführung. Wer bisher selbst abhängig beschäftigt war, hat sich vielleicht oft über »den Chef« geärgert, sich jedoch nie eigene Gedanken gemacht, wie eine Belegschaft erfolgreich zu führen ist. Das richtige Maß zu finden zwischen Motivation und Lob auf der einen, aber auch Tadel und Kritik auf der anderen Seite – das ist das Geheimnis guter Vorgesetzter. Viele Gründer bringen nicht die Kraft auf, schlechten Mitarbeitern ins Gesicht zu sehen und ihnen die Wahrheit zu sagen. Darunter kann das ganze Betriebsklima leiden. Andere wiederum lassen ihre persönlichen Charaktereigenschaften zum Maßstab der Menschenführung werden – und auch das kann zum Niedergang der Firma entscheidend beitragen. Umgekehrt liegt in der Motivationskraft und Begeisterungsfähigkeit junger Gründer oft ein Teil des Erfolgsgeheimnisses. Wer andere mitreißen kann, sorgt für seinen eigenen Erfolg.

7. Zu schnelles Wachstum Nicht nur das Ausbleiben von Kunden ist für viele Existenzgründer problematisch, sondern auch das Gegenteil: Wächst das Unternehmen zu rasch, schleichen sich schnell Qualitätsmängel ein, und sicher geglaubte Kunden springen wieder ab. Oft müssen auch bei plötzlichen Großaufträgen zusätzliche Mitarbeiter und Räume bereitgestellt werden, und zwar zu Kosten, die durch den plötzlichen Bedarf höher ausfallen als ursprünglich kalkuliert. So ist ein plötzliches, schubweises Wachstum immer wieder für die Probleme junger Unternehmen mit verantwortlich.

8. Private Probleme Auch wenn Existenzgründer sich mit ihrer Familie vor dem Start in die Selbstständigkeit darüber verständigt haben, dass sie mehr Zeit im Unternehmen als zu Hause verbringen werden, kann es zu privaten Probleme kommen. In vielen Fällen zeigt es sich, dass unterschwellig die Erwartung mitschwang, diese starke Beanspruchung würde nach wenigen Wochen oder Monaten beendet sein, und dann würde das Leben im gleichen Rhythmus weiter gehen wie bei einem Angestellten – nur mit einem höheren Verdienst.

Wenn beides nicht eintritt, wenn sich also durch die Existenzgründung die Einkommenssituation verschlechtert, während sich die Arbeitsbelastung erhöht, kann es durchaus sein, dass sich der Ehepartner des Unternehmensgründers anders besinnt und auf eine Beendigung der selbstständigen Tätigkeit drangt. Wie sich der Jungunternehmer entscheidet und ob es sinnvoll ist, eine dauerhafte private Konfliktsituation hinzunehmen, hängt ausschließlich vom Einzelfall ab.

Forderungsmanagement

Unter Punkt 3 aus der vorherigen Aufzählung, *Fehlende Zahlungseingange*, ging es um den Umgang mit säumigen Kunden. Wie Sie diese Kunden dazu bringen, das Geld zu bezahlen, das sie Ihnen schulden, zeigt Ihnen die folgende Checkliste.

Checkliste: Forderungsmanagement – wie Sie an Ihr Geld kommen

- ○ Haben Sie die Kreditwürdigkeit Ihrer potenziellen Kunden geprüft?
- ○ Haben Sie in Ihren Verträgen festgelegt, wann die Zahlung fällig ist?
- ○ Ist das von Ihnen festgelegte Zahlungsziel zu großzügig oder branchenunüblich?
- ○ Bieten Sie Ihren Kunden einen Anreiz, möglichst schnell zu zahlen, zum Beispiel in Form von Skonto?
- ○ Schreiben Sie Ihre Rechnungen sofort, nachdem Sie die vereinbarte Leistung erbracht haben?
- ○ Achten Sie immer darauf, dass die Rechnungen formal und inhaltlich korrekt sind?
- ○ Sind die erbrachten Leistungen vollständig aufgeführt und die jeweils vereinbarten Preise verwendet worden?
- ○ Ist die Rechnung an den richtigen Rechnungsempfänger adressiert worden?
- ○ Überwachen Sie die Zahlungstermine und Zahlungsbeträge genauestens?
- ○ Schicken Sie säumigen Kunden eine Zahlungserinnerung oder Mahnung, bevor Sie weitere Wege einleiten. Zuvor sollten Sie noch einmal folgende Punkte prüfen:
  - Haben Sie Ihre Leistung wie vereinbart erbracht?
  - Haben Sie fristgerecht geliefert?
  - Wann haben Sie die Rechnung versandt?
  - War die Rechnung korrekt?
  - Welchen Zahlungstermin haben Sie vereinbart oder welches Zahlungsziel eingeräumt?
  - Hat der Kunde Ihre Leistung reklamiert?

Trotz dieser Maßnahmen kommt es häufig vor, dass Kunden nicht zahlen. Deshalb ist es wichtig, von Beginn an bei der Planung Ihrer Ein- und Auszahlungen die Zahlungsmoral Ihrer Kunden mit einzubeziehen. Sie sollten sich zusätzliche Finanzierungsmöglichkeiten eröffnen, indem Sie zum Beispiel mit Ihrer Bank oder Sparkasse über einen möglichen Kredit sprechen für den Fall, dass Kunden nicht zahlen. Warten Sie damit aber nicht, bis Sie

Ihre Kreditlinie vollständig ausgeschöpft haben. Wenn Ihre Kunden auch nicht zahlen, nachdem sie Zahlungsaufforderungen und Mahnungen erhalten haben, beauftragen Sie ein professionelles Inkassoinstitut mit dem Geldeintreiben. Warten Sie aber nicht zu lange mit diesem Schritt. Je länger Sie warten, desto geringer wird die Wahrscheinlichkeit, dass Sie Ihr Geld noch bekommen.

Aus Fehlern lernen

Wie reagieren junge Unternehmer, Selbstangestellte und Freiberufler, wenn sie merken, dass ihre Geschäftsidee nicht so funktioniert wie erwartet? Dass sie Fehler gemacht haben, die sich im Rahmen des weiteren Geschäftsbetriebs nicht mehr korrigieren lassen? Oder wenn sich die externen Bedingungen so stark verändert haben, zum Beispiel durch den Konkurs einiger Hauptkunden, dass ihnen die Existenzgrundlage entzogen wird? Die meisten würden trotz oder gerade wegen dieser Erfahrungen noch einmal neu starten. In der Regel fühlen sie sich mit dem, was sie erfahren haben, für die Zukunft besser gerüstet.

Eine zweite Chance

Jedes Jahr wagen in Deutschland 50 000 bis 90 000 Selbstständige, die bereits einmal gescheitert sind, einen neuen Start. Obwohl sie es schwerer haben als neue Existenzgründer (sie besitzen in der Regel weniger Startkapital und sind manchmal auch noch mit der Abwicklung des alten Unternehmens beschäftigt), sind sie beim zweiten Anlauf erfolgreicher. Sie verdienen im Durchschnitt 30 Prozent mehr als die Erstgründer.

Wichtig für eine zweite Chance ist vor allem, wie die vorhergehende Geschäftstätigkeit beendet worden ist. Im günstigsten Fall hat sich der Selbstständige durch seine Existenzgründung nicht zu hoch verschuldet und die Warnsignale rechtzeitig erkannt. Wer in einem solchen Fall die Notbremse zieht und nicht versucht, durch zusätzliche Investitionen das Unternehmen auf Biegen und Brechen am Leben zu erhalten, sondern stattdessen alle übernommenen Aufträge erledigt, die Außenstände eintreibt, offene Rechnungen und natürlich alle Steuerschulden bezahlt, den eventuellen Mitarbeitern kündigt und das Gewerbe abmeldet, der wird keine Probleme haben, mit einer neuen Idee in einer anderen Größenordnung oder an einem anderen Standort erneut zu starten.

Doch längst nicht alle handeln so weitsichtig. Wer den Überblick verloren hat, schlittert oft vollkommen überraschend in die Insolvenz. Wer sich dann der Realität verweigert und den Kopf in den Sand steckt oder gar mit Tricks und krummen Methoden versucht, dem Problem zu entkommen, macht es in der Regel nur noch schlimmer. Es bringt nichts, einfach keine Rechnungen und keine Krankenversicherungsbeiträge mehr zu bezahlen, die Umsatzsteuer nicht mehr abzuführen und die einbehaltene Lohnsteuer von den Mitarbeitern in die eigene Tasche zu stecken. Wer dann noch versucht, Vermögenswerte beiseite zu schaffen, hat für die Zukunft schlechte Karten.

Kommunikation auch in Krisenzeiten

In Krisenzeiten ist es wichtig, mit allen Beteiligten so offen wie möglich und nötig zu kommunizieren. Das heißt: die Mitarbeiter über die Situation des Unternehmens nicht im Unklaren zu lassen, mit Kunden und Lieferanten zu sprechen, die Banken einzubeziehen, um nach gemeinsamen Lösungswegen zu suchen, und auch externe Institutionen und Berater hinzuzuziehen, um Auswege aus der Krise zu finden. Wer offen kommuniziert, hat deutlich bessere Chancen, das Unternehmen zu retten oder seine eigene Zukunft zu sichern als derjenige, der das alleine versucht. Empfehlenswert ist es für Kleinunternehmen auch, sich an die Schuldnerberatungsstellen der Kommunen oder Wohlfahrtsverbände zu wenden, wenn sie in Schwierigkeiten geraten.

Falsche Furcht vor der Insolvenz

Oft haben Unternehmer Angst vor einem Insolvenzverfahren und wollen es mit allen Mitteln vermeiden. Diese Angst ist jedoch unbegründet, wenn das Unternehmensinsolvenzverfahren rechtzeitig und ordnungsgemäß durchgeführt wird. Das Ziel dieses Verfahrens besteht ja nicht von vornherein darin, ein Unternehmen zu liquidieren, sondern auch nach Chancen für eine Sanierung zu suchen.

Das Unternehmensinsolvenzverfahren kann entweder vom Schuldner oder vom Gläubiger beim zuständigen Amtsgericht beantragt werden, wenn der Schuldner zahlungsunfähig ist. Der Schuldner hat aber auch die Möglichkeit, bereits bei drohender Zahlungsunfähigkeit einen Antrag zu stellen. Ist das Unternehmen eine juristische Person wie eine GmbH oder AG, kann es auch bei Überschuldung einen Antrag stellen. Das Gericht prüft zunächst, ob genug Unternehmenswerte vorhanden sind, um die Kosten des Verfahrens zu decken. Verläuft diese Prüfung erfolgreich, wird das Verfahren tatsächlich eröffnet und ein Insolvenzverwalter bestellt.

Nach spätestens drei Monaten muss der Insolvenzverwalter einen Bericht über die finanzielle Situation und die Chancen der Fortführung des Unternehmens vorlegen. Ob das Unternehmen dann saniert oder liquidiert wird, entscheidet die Gläubigerversammlung. Bei einer Sanierung kann sowohl der Schuldner als auch der Insolvenzverwalter einen so genannten Insolvenzplan vorlegen. Dieser kann entweder darauf abzielen, die Ertragskraft des Unternehmens wiederherzustellen oder den Verkauf des Unternehmens einzuleiten.

Hat man sich fur die Liquidation entschieden, werden die verbleibenden Unternehmenswerte und der Erlös unter den Gläubigern aufgeteilt. Verbleiben dann noch persönliche Schulden des Unternehmers, so hat er die Möglichkeit, sich über ein Restschuld-Befreiungsverfahren, das sich an das Insolvenzverfahren anschließt, auch noch von diesen Schulden zu befreien.

Was Neustarter besser machen

Fragt man Existenzgründer, die bereits ein Unternehmen verloren haben und nun eine zweite Chance bekommen, was sie bei einem Neustart anders machen würden, so bekommt man immer wieder ähnliche Antworten. Oft sind es ganz simple Dinge: Viele Handwerksbetriebe sind dadurch in Probleme geraten, dass sie beim Materialeinkauf selbst in Vorleistung gegangen sind. Bei einer zweiten Chance lassen sie das benötigte Material vom Kunden direkt beim Händler bezahlen. Kunden, die schon das Material nicht bezahlen konnen, werden auch die geleistete Arbeit nicht honorieren. Für Handwerksbetriebe ist das die einfachste Form der Liquiditätsprüfung ihrer Kunden.

Andere Unternehmer haben gelernt, ihre Kompetenz nicht zu überschätzen. Die meisten würden darauf verzichten, sich gleichzeitig um Technik, Marketing und Finanzen zu kümmern, sondern dies auf die Schultern eines Teams und kompetenter Partner verteilen. Die meisten haben auch gelernt, dass sie sich nicht ausschließlich nur auf einen Aspekt ihres Unternehmens konzentrieren dürfen, und dass Rechnungswesen und Controlling manchmal wichtiger sind als technische Detailverbesserungen.

Viele Existenzgründer haben sich mit ihrem Unternehmen nur dadurch am Markt gehalten, dass sie stets billiger waren als die Konkurrenz. Später wussten sie dann, dass sie sich damit selbst die Preise und ihre Existenzgrundlage zerstört haben. Und auch Wachstum um jeden Preis vermeiden viele bei einer zweiten Chance.

Beispiel

Ein junger Spediteur, der innerhalb kürzester Zeit einen großen Fuhrpark und viele Mitarbeiter zu verantworten hatte, kam durch einen Auftragseinbruch ins Schlingern. Beim Neustart beließ er es ganz bewusst bei nur zwei Lastkraftwagen und heuerte für Umzüge immer nur so viele Zeitarbeitskräfte an, wie er tatsächlich brauchte, um den jeweiligen Auftrag abzuwickeln. Größe ist nur etwas fürs Ego, war seine Erkenntnis, aber Gewinne sind etwas für die Lebensqualität.

Ihr Start: Businessplan, Finanzierung und Gründung

Zusammenfassung

Nun wird es also ernst: Ihr Start in die Selbstständigkeit steht bevor. Der allererste Schritt sollte eine Markt- und Konkurrenzanalyse sein, dann geht es um die Erstellung des Businessplans, um die Sicherung der Finanzierung und schließlich um die Existenzgründung an sich. Alles, was Sie wissen müssen, um einen erfolgreichen Start hinzulegen, erfahren Sie in diesem Kapitel.

Wie sehen Markt und Wettbewerbssituation für Ihr Produkt oder Ihre Dienstleistung aus?

Wenn Sie Ihre Geschäftsidee realisieren wollen, müssen Sie den Markt, in den Sie eintreten wollen, so gut wie möglich kennen. Wie sind der Markt und die Wettbewerbssituation für Ihr Produkt beziehungsweise für Ihre Dienstleistung? Diese Fragen müssen Sie zuallererst klären. Sie müssen also sowohl die potenziellen Kunden kennen als auch Ihre Wettbewerber. Und es geht dabei nicht nur um den Ist-Zustand des Marktes; noch wichtiger für Ihren Erfolg ist es, die Wachstumsperspektiven und Zukunftschancen abzuschätzen.

Um Ihnen die Analysen etwas zu erleichtern, finden Sie im Folgenden eine Checkliste, die sich mit der Markteinschätzung und den Wettbewerbern befasst. Mit Hilfe dieser Checkliste können Sie die grundsätzlichen, marktspezifischen Fragen in Bezug auf Ihr Produkt oder Ihre Dienstleistung klären.

Checkliste: Wie Sie die Marktsituation einschätzen können

- ○ Wie groß ist das Marktvolumen für Ihr Produkt oder Ihre Dienstleistung?
- ○ Wer sind Ihre potenziellen Kunden? Sind es Unternehmen oder Privatpersonen?
- ○ Wo befinden sich die Kunden? Wie wichtig ist die Nähe zu ihnen?
- ○ Wie ist die Kaufkraft der Kunden?
- ○ Wie alt sind die Kunden?
- ○ Welchen Nutzen oder welche Problemlösung erwarten die Kunden?
- ○ Welches sind die Hauptwettbewerber am Markt und über welche Marktanteile verfügen diese?
- ○ Welche weiteren Wettbewerber gibt es?
- ○ An welchen Standorten befinden sich die Wettbewerber?
- ○ Welche Besonderheiten, zum Beispiel hinsichtlich Qualität, Verpackung oder Service, bieten Ihre Wettbewerber an?
- ○ Wie unterscheiden Sie Ihre Produkte oder Dienstleistungen von denen Ihrer Wettbewerber?
- ○ Welche Stärken und welche Schwächen haben die Wettbewerber?
- ○ Was können Sie von den Wettbewerbern lernen und was können Sie besser machen?
- ○ Welche Preise verlangen Ihre Wettbewerber? Geben Sie Rabatte oder Boni?
- ○ Wie ist der Vertrieb der Wettbewerber organisiert?
- ○ Wie ist der Einkauf der Wettbewerber organisiert?
- ○ Welche Lieferanten beliefern die Wettbewerber? Welche Einkaufsmöglichkeiten haben Sie? Gibt es Einkaufskooperationen?
- ○ Wie ist die Kundenorientierung der Wettbewerber? Sind die Kunden der Wettbewerber zufrieden?
- ○ Wie stellen sich die Wettbewerber in der Öffentlichkeit dar?
- ○ Welches Image haben Ihre Wettbewerber?
- ○ Wie ist die Mitarbeiterorientierung der Wettbewerber? Sind die Mitarbeiter zufrieden oder gibt es eine hohe Fluktuation?

- ○ Wie sind die Wachstumsperspektiven des Marktes für Ihr Produkt oder Ihre Dienstleistung? Wie schätzen die entsprechenden Branchenverbände oder Forschungsinstitute diese ein?
- ○ Welches sind die Bestimmungsfaktoren für die Zukunftschancen Ihres Produktes/Ihrer Dienstleistung, zum Beispiel Trends oder Moden, demografische Entwicklung, konjunkturelle Entwicklung?

Informieren Sie sich möglichst detailliert über Ihre Hauptwettbewerber und bewerten Sie anhand der in der folgenden Liste aufgeführten Punkte deren Stärken und Schwächen. Versuchen Sie daraus Schlüsse für Ihr eigenes Unternehmenskonzept zu ziehen. Was sollten Sie übernehmen, was können Sie besser machen?

Checkliste: Stärken und Schwächen eines Wettbewerbers

Stärken und Schwächen	Details	Quelle	Bewertung
1. Stärken und Schwächen der Marktposition			
• Kundenzielgruppen			
• Schlüsselkunden			
• Branchenschwerpunkte			
• Marktsegmente			
• Marktanteile			
• Internationalisierungsgrad			
• Schwerpunkte der Auslandsaktivitäten			
• Grad der Marktorientierung			
• Bekanntheitsgrad			
• Firmenimage			

Stärken und Schwächen	Details	Quelle	Bewertung
2. Stärken und Schwächen des Produktprogramms			
• Produktpalette			
• Hauptumsatzträger			
• Produktqualität			
• Herstellungskosten			
• eingesetzte Technologien			
• Patente, Lizenzen			
3. Stärken und Schwächen der Preise			
• Preisniveau			
• Preisgestaltung, Preisveränderungen			
• Rabatte			
• Preis-Leistungs-Verhältnis			
• Deckungsbeitrag			
4. Zukunftspotenzial, gemessen an den verfolgten Strategien			
• Visionen, Zukunftspläne			
• Unternehmensstrategie			
• Marktstrategie			
• Produktstrategie			
• Entwicklungsstrategie			
• Produktionsstrategie			
• Investitionsstrategie			
5. Stärken und Schwächen des Managements			
• Führungspersönlichkeiten			
• Führungsstil			
• Führungskultur			

Stärken und Schwächen	Details	Quelle	Bewertung
6. Stärken und Schwächen der Beschäftigten			
• Qualifikation • Motivation • Fluktuation			
7. Stärken und Schwächen der Kapitalausstattung			
• Gewinne und Gewinnentwicklung • Cashflow • Investitionen • Umsatzrendite • Eigenkapitalquote • Kreditwürdigkeit			
8. Stärken und Schwächen des Einkaufs			
• Einkaufsstrategie • Lieferantenanzahl • Hauptlieferanten • Einkaufskooperationen • Internationalisierungsgrad			
9. Stärken und Schwächen der Produktion			
• Anzahl der Produktionsstätten • Anzahl der Mitarbeiter in der Produktion • Produktionsverfahren • Produktions-Know-how • Fertigungstiefe • Fertigungszeiten			

Stärken und Schwächen	Details	Quelle	Bewertung
• Modernisierungsgrad der Anlagen • Automatisierungsgrad der Anlagen			
10. Stärken und Schwächen von Vertrieb und Marketing • Vertriebswege • Anzahl der Mitarbeiter im Vertrieb • Internationalisierungsgrad • Tochterunternehmen und Vertretungen im Inland • Tochterunternehmen und Vertretungen im Ausland • Kooperationen • Marktforschung • Werbestrategie • Werbeausgaben • Marketingstrategie • Marketingausgaben • Produktmanagement			
11. Stärken und Schwächen der Kommunikation • Werbung • Verkaufsförderung • Messeteilnahme, Messeauftritt • Presse- und Öffentlichkeitsarbeit • Interne Kommunikation • Mitarbeiterzeitschriften etc.			

Stärken und Schwächen	Details	Quelle	Bewertung
12. Stärken und Schwächen des Service			
• Aufbau des Servicebereichs • Mitarbeiter im Servicebereich • Service-Niederlassungen • Internationalität • Beratung • Beschwerdemanagement • Engineering • Lieferzeit • Gewährleistungszeit • Dokumentationen			
13. Stärken und Schwächen der Forschung und Entwicklung			
• Forschungs- und Entwicklungsausgaben			
• Forschungs- und Entwicklungs-Know-how • Innovationen • Zahl und Art der Patente und Lizenzen • Zahl und Qualifikation der Mitarbeiter • Schnelligkeit der Umsetzung bis zur Marktreife • Teilnahme an Innovationsförderprojekten • Zusammenarbeit mit Universitäten, anderen Institutionen oder Unternehmen			

Stärken und Schwächen	Details	Quelle	Bewertung
14. Allgemeine Stärken und Schwächen: • Kernkompetenzen • Unternehmenskultur • Mitarbeiterorientierung • Kundenorientierung • Firmensitz, Standortqualität • Lohnniveau • Rechtsform, Eigentumsverhältnisse, Gründungsjahr • Aktueller Umsatz und Umsatzentwicklung • Sparten- bzw. Bereichsumsätze • Mitarbeiterzahl und deren Entwicklung			
15. Organisatorische Stärken und Schwächen: • Organigramm • Geschäftsbereiche • Einbindung in einen Konzern • Tochtergesellschaften • Beteiligungen • Kooperationen			

Wer bietet Rat und Informationen?

Bevor Sie den Weg in die Selbstständigkeit wagen, sollten Sie auf jeden Fall von verschiedenen Seiten Rat einholen. Fragen Sie zunächst Leute, die sich in Ihrer Branche auskennen, ob diese Ihre Markteinschätzungen teilen und ob sie Ihre Geschäftsidee als Erfolg versprechend ansehen. Fragen Sie aber auch Freunde und Bekannte, die branchenfremd sind. Dann sollten Sie sich im nächsten Schritt Informationsmaterial besorgen und kostenlose allgemeine Beratung in Anspruch nehmen, bevor Sie die Hilfe professioneller Berater suchen, die Sie bezahlen müssen.

Sie sollten genau überlegen, welche Art und welchen Umfang an Beratungsleistung Sie brauchen, bevor Sie zu einem professionellen Berater gehen, und fragen Sie vorher unbedingt nach den Kosten. Unter bestimmten Voraussetzungen können auch Beratungshonorare mit öffentlichen Mitteln gefördert werden.

Um den richtigen Berater zu finden, erkundigen Sie sich bei Freunden oder Bekannten nach Empfehlungen. Sehen Sie in der »nexxt«-Beraterbörse unter www.nexxt.org nach, oder wenden Sie sich an die verschiedenen Beraterverbände. Eine umfangreiche Liste mit Internetadressen von Institutionen, Verbänden, Vereinigungen und Initiativen, die Existenzgründern Rat und Informationen bieten, finden Sie in dem Kapitel *Ansprechpartner und Internet-Adressen* am Ende des Buches.

Wenn Sie Informationen über Ihre Kunden und Lieferanten wünschen, können Sie sich an Wirtschaftsauskunfteien wenden. Für Fragen zum Standort, zu Grundstücken und Genehmigungen sind die jeweiligen Ämter für Wirtschaftsförderung, Wirtschaftsförderungsgesellschaften, Wirtschaftsbeauftragte sowie die Industrie- und Handelskammern und die Handwerkskammer geeignete Ansprechpartner.

Worauf es bei den Start-Businessplänen ankommt

Existenzgründer brauchen heute Businesspläne – nicht ausschließlich, aber auch, um Risikokapitalgeber, Investoren, potenzielle Teilhaber oder Kredit gebende Banken zu überzeugen. Selbst wer Überbrückungsgeld oder einen Existenzgründungszuschuss beantragen möchte, muss nicht nur Unterlagen einreichen, die keinen Zweifel daran lassen, dass die hauptberuflich selbstständige Tätigkeit erfolgreich ausgeübt werden soll – er muss auch die IHK oder eine andere fachlich kompetente Stelle davon überzeugen, dass das Konzept finanziell und wirtschaftlich tragfähig ist und dass die persönlichen und fachlichen Voraussetzungen gegeben sind.

Das alles leistet der Businessplan. Deshalb muss er nicht nur ganz bestimmte inhaltliche, sondern auch formale Voraussetzungen erfüllen. Der Businessplan ist sozusagen die erste Visitenkarte, die ein Existenzgründer denjenigen überreicht, die über sein zukünftiges Schicksal zumindest mitentscheiden sollen. Deshalb muss ein Businessplan formal ansprechend gestaltet sein und in einer einfachen, verständlichen Ausdrucksweise abgefasst sein – allerdings nicht in Umgangssprache. Achten Sie auch darauf, dass keine Rechtschreib- oder Tippfehler vorhanden sind.

Der Businessplan sollte maximal 35 Seiten umfassen. Nach dem Deckblatt folgen eine Gliederung und eine maximal zwei Seiten lange Zusammenfassung der wesentlichen Punkte. Es soll sich wirklich nur um eine Zusammenfassung handeln und nicht um einen besonderen Text, der das gesamte Vorhaben noch einmal von einer völlig neuen Seite beleuchtet.

Im Text selbst sollten Sie auf allgemeine Ausführungen ebenso verzichten wie auf Fachbegriffe, die nichts anderes sind als semantische Spielereien. Den Leser eines Businessplans interessiert besonders der Nutzen, den Ihre Produkte oder Dienstleistungen für den Kunden bieten. Ihre fachliche Qualifikation zeigen Sie unter anderem dadurch, dass Sie Kosten und Preise sauber kalkulieren und sich durch eine detaillierte Markt- und Konkurrenzkenntnis auszeichnen. Man erwartet von Ihnen, dass Sie wissen, wie Sie Erfolg erreichen und Misserfolg vermeiden. Es ist gut, wenn die Fakten, die Sie aufführen, nicht nur Behauptungen sind, sondern sich auch anhand von Quellen belegen lassen.

Checkliste: Wie Sie Ihren Businessplan erstellen

1. Zusammenfassung

- O Beschreiben Sie kurz, auf nicht mehr als zwei Seiten, welches Produkt oder welche Dienstleistung Sie anbieten wollen, welches Ihre Kundenzielgruppe ist und warum Ihr Angebot besser ist als das der Konkurrenz.

2. Geschäftsidee

- O Was ist Ihre Geschäftsidee? Welche Dienstleistung oder welche Produkte wollen Sie anbieten?
- O Was ist neu an Ihrer Idee?
- O Worin liegt der Nutzen Ihres Angebots für die Kunden?
- O Was ist das Besondere an Ihrem Angebot im Vergleich zu Konkurrenzangeboten?

- Wann wollen Sie starten?
- Was ist Ihr kurz- und langfristiges Unternehmensziel?
- Wie ist der Entwicklungsstand Ihres Produktes oder Ihrer Leistung?
- Wie werden Sie produzieren beziehungsweise wie stellen Sie Ihre Leistungen zur Verfügung?
- Welche Voraussetzungen müssen bis zum Start noch erfüllt werden?
- Welche gesetzlichen Formalitäten sind zu erledigen?

3. Für technologieorientierte Gründungen

- Welche Entwicklungsschritte sind für Ihr Produkt noch notwendig?
- Wann kann eine Null-Serie produziert werden?
- Wer führt das Testverfahren durch?
- Welche technischen Zulassungen sind notwendig?
- Welche Patente oder Gebrauchsmusterschutzrechte besitzen Sie, welche haben Sie beantragt?
- Wann ist das Patentierungsverfahren abgeschlossen?

4. Markt- und Wettbewerbssituation, Standort

- Wer sind Ihre potenziellen Kunden?
- Sind es Privat- oder Geschäftskunden?
- Welche Merkmale hinsichtlich Alter, Geschlecht, Einkommen, Beruf und Einkaufsverhalten kennzeichnen Ihre potenziellen Kunden?
- Wie groß ist das gesamte Marktpotenzial?
- Wer sind Ihre Wettbewerber? Über welche Marktanteile verfügen diese?
- Welche Stärken und Schwächen haben Ihre Konkurrenten?
- Welches sind Ihre Stärken und Schwächen im Vergleich dazu?
- Wie können Sie Ihre eigenen Schwächen beheben?
- Was kosten Ihrem eigenen Angebot entsprechende Dienstleistungen oder Produkte bei der Konkurrenz?
- Haben Sie bereits Referenzkunden? Wenn ja, welche?

- Welches Umsatzpotenzial repräsentieren diese Kunden?
- Sind Sie von wenigen Großkunden abhängig?
- Wo sind Ihre potenziellen Kunden? Wie wichtig ist für Ihre Geschäftsidee der Faktor Kundennähe?
- Wo bieten Sie Ihr Angebot an? Welche Argumente sprechen für diesen Standort, welche dagegen? Wie können Sie diese Nachteile ausgleichen?
- Welche Entwicklung zeichnet sich für den Standort ab?

5. Persönliche Qualifikationen

- Welche beruflichen Qualifikationen und Erfahrungen haben Sie? Welche Zulassungen haben Sie?
- Verfügen Sie über gute Branchenkenntnisse?
- Welche kaufmännischen Kenntnisse haben Sie?
- Was sind Ihre persönlichen Stärken? Welche Defizite haben Sie? Wie wollen Sie diese ausgleichen?

6. Einkauf, Marketing, Werbung und Verkauf

- Wer kommt als Lieferant oder Großhändler in Frage? Sind Sie von wenigen Lieferanten abhängig?
- Zu welchem Preis wollen Sie Ihr Produkt oder Ihre Dienstleistung anbieten? Wo liegt der Preis im Vergleich zu den Wettbewerbern?
- Wie haben Sie diesen Preis kalkuliert?
- Wie ist Ihre Preisstrategie und warum?
- Welche Absatz- beziehungsweise Umsatzgrößen planen Sie in welchen Zeiträumen?
- Wie werden Sie den Vertrieb organisieren? Welche Vertriebspartner werden Sie nutzen? Welche Kosten werden dabei entstehen?
- In welchen Zielgebieten wollen Sie akquirieren? In welchen Schritten wollen Sie vorgehen?
- Welche Maßnahmen planen Sie für Werbung und Public Relations? In welchem Kostenrahmen werden Sie sich damit bewegen?

7. Mitarbeiter

- Wann wollen Sie wie viele Mitarbeiter einstellen? In welchen zeitlichen Abständen sind Aufstockungen geplant?
- Welche Qualifikationen brauchen Ihre Mitarbeiter? Welche Schulungsmaßnahmen planen Sie für sie?

8. Rechtsform und Organisation

- Welche Rechtsform wollen Sie wählen und aus welchen Gründen?
- Welche gesetzlichen Formalitäten sind zu erledigen?

9. Chancen und Risiken

- Wie werden sich die Wünsche Ihrer Kunden im Idealfall entwickeln?
- Wie wird sich Ihr Marktsegment im Idealfall entwickeln?
- Wie wird sich Ihr Geschäft im Idealfall entwickeln?
- Welches sind die drei größten Chancen, die die weitere Entwicklung Ihres Unternehmens positiv beeinflussen könnten?
- Welches sind die drei größten Risiken und Probleme, die eine positive Entwicklung Ihres Unternehmens behindern könnten?
- Wie wollen Sie eventuellen Risiken oder Problemen begegnen?
- Welche Faktoren oder Bedingungen könnten dazu führen, dass Sie Ihre Ziele nicht mehr realisieren können? Was würden Sie dann tun?
- Haben Sie den Fall eingeplant, dass es zu Zahlungsausfällen kommen kann?
- Haben Sie zusätzliche finanzielle Belastungen? Haben Sie Tilgung und Zinsen für private Kredite eingeplant?
- Gibt es Umweltrisiken oder Auflagen, die Sie beachten müssen?

10. Finanzierung

- Erstellen Sie einen Finanzplan, der Ihren Kapitalbedarf und die geplanten Einnahmen für die nächsten drei Jahre enthält. Daraus lässt sich dann auch Ihre Liquiditätssituation ableiten (siehe dazu das nächste Kapitel *Finanzplan: Wie viel Geld brauchen Sie?*). Der Finanzierungsplan sollte folgende Elemente enthalten:

- Höhe Ihres Eigenkapitalanteils
- Höhe des Fremdkapitalbedarfs
- Förderprogramme, die in Frage kommen
- Vorhandene Sicherheiten für Kredite
- Beteiligungskapitalgeber, die in Frage kommen

11. Lebenslauf

○ Erstellen Sie einen tabellarischen Lebenslauf.

Finanzplan: Wie viel Geld brauchen Sie?

Nun geht es an die Finanzierung des Unternehmens. Hierzu sollten Sie einen detaillierten Finanzplan erstellen, in dem Sie alle Kosten, die in den ersten drei Jahren auf Sie zukommen, und alle für diese Zeit geplanten Einnahmen aufführen. Da sind zunächst die Gründungskosten und alle Investitionen, die notwendig sind, um überhaupt in der Lage zu sein, mit der Arbeit zu beginnen.

Dann brauchen Sie ein ausreichendes finanzielles Polster für die Zeit, bis erste Zahlungen eingehen, mit dem Sie die absehbaren laufenden Kosten inklusive Finanzierungskosten sowie unvorhergesehene Ausgaben bezahlen können. Und kalkulieren Sie auch die Höhe der Privatentnahmen, die Sie selbst für Ihren Lebensunterhalt brauchen. In der folgenden Checkliste finden Sie noch einmal alle Faktoren aufgelistet, die Sie bei der Erstellung Ihres Finanzplans miteinbeziehen müssen.

Übersicht: Was Sie beim Finanzplan berücksichtigen müssen

1. Gründungskosten

- Beratungen

- Anmeldungen und Genehmigungen
- Eintragung ins Handelsregister
- Notar
- Kaufpreis für Grundstück und/oder Gebäude
- Nebenkosten des Kaufs
- bei gemieteten Räumen: Kaution
- Renovierungs- und Umbaumaßnahmen
- Geschäfts- oder Ladeneinrichtung
- Büroausstattung mit Computer, Drucker, Fax, Telefon und so weiter
- Maschinen, Produktionsanlagen und andere Geräte
- Fahrzeug
- Reserve für Folgeinvestitionen
- Reserve für unvorhergesehene Ausgaben

2. Laufende Fixkosten pro Monat

- Beratungskosten
- Steuern
- Sozial- und Krankenversicherung
- Versicherungen
- Mieten und Leasinggebühren
- Zins- und Tilgungskosten
- laufende Kfz-Kosten und Nebenkosten
- Personalkosten und -nebenkosten

3. Variable laufende Kosten pro Monat

- Bürobedarf
- Telefon, Porto und so weiter
- Roh-, Hilfs- und Betriebsstoffe
- Einkauf von Waren und Vormaterial
- Einkauf von Fremdleistungen
- Vertriebskosten
- Kosten für Werbung und Marketing
- Reparaturen

4. Einnahmen

- Forderungen und Außenstände
- geplante Verkaufserlöse pro Monat
- Einnahmen aus Vermietung und Verpachtung pro Monat
- Zinseinnahmen pro Monat

5. Reserve pro Monat

6. Privatentnahmen pro Monat

Kaufen oder leasen?

Wenn Sie Ihr Auto, Produktionsanlagen oder Maschinen, Bürogeräte, EDV-Anlagen und/oder Geräte leasen, müssen Sie am Anfang weniger Geld einsetzen als beim Kauf. Beim Leasing können Sie das Objekt gleich benutzen, ohne es sofort komplett zu bezahlen. Das wird Ihre Liquidität verbessern, da Sie entweder das vorhandene Geld für andere Zwecke einsetzen oder auf einen entsprechenden Kredit verzichten können.

Rechnen Sie in jedem Fall verschiedene Alternativen durch. Sprechen Sie mit einem unabhängigen Leasingexperten und Ihrem Steuerberater sowie Ihrer Hausbank. Bei Existenzgründern fällt der Vorteil der Steuerersparnis nicht an, da in der Regel die Aufwendungen noch höher als die Erträge sind. Wenn Sie aber die Gewinnzone erreichen, kann Leasing sich steuermäßig positiv auswirken. In diesem Fall muss der Leasingvertrag allerdings den vom Bundesfinanzministerium verabschiedeten Leasingerlassen entsprechen.

Beim Leasing vermietet der Leasinggeber das Leasingobjekt. Dem Leasingnehmer werden aber Rechte, Risiken und Pflichten übertragen, die bei einem normalen Mietverhältnis der Vermieter trägt. Zum Beispiel ist der Leasingnehmer für Reparaturen und Instandhaltung zuständig. Einige Leasinggesellschaften bieten ihren Kunden Zusatzleistungen, die teils in den Leasingraten enthalten sind, teils zusätzlich bezahlt werden müssen. Dazu gehören beispielsweise Wartungsverträge und Versicherungen oder ein Softwareservice.

Checkliste: Alles Wichtige zum Leasing

- ○ Ist der Leasinggegenstand genau beschrieben?
- ○ Wie hoch ist der Kaufpreis für dieses Objekt?
- ○ Wurden Rabatte in der Leasingkalkulation berücksichtigt?
- ○ Wie hoch ist die bei Vertragsabschluss fällige Leasingsonderzahlung?
- ○ Wie hoch ist die monatliche Leasingrate?
- ○ Besteht die Möglichkeit, je nach Liquiditätssituation die Höhe der Leasingrate flexibel zu gestalten?
- ○ Welche Laufzeit ist vorgesehen?
- ○ Wie viele Leasingraten müssen gezahlt werden?
- ○ Wie hoch ist der kalkulierte Restwert?
- ○ Wie viel muss ich insgesamt beim Leasing zahlen?
- ○ Wird der »linearisierte Leasingfaktor« offen gelegt? Dieser ist in steuerlicher Hinsicht wichtig.
- ○ Ist der Vertrag vor Ablauf kündbar? Wenn ja, wann und zu welchen Konditionen?
- ○ Ist es möglich, nach Ablauf der Leasingzeit die Mietzeit zu verlängern? Wenn ja, was muss dann gezahlt werden?
- ○ Muss oder kann das Objekt nach Ablauf der Leasingzeit gekauft werden?
- ○ Wenn das Objekt nach Ablauf der Leasingzeit an einen Dritten verkauft wird, gibt es dann eine Beteiligung an den Mehr- oder Mindererlösen?
- ○ Ist eine Schlusszahlung vereinbart? In welcher Höhe?
- ○ Welche weiteren Kosten entstehen nach Ablauf des Leasingvertrags, zum Beispiel für den Transport oder den Abbau?
- ○ Wie sind die juristischen und wirtschaftlichen Eigentumsverhaltnisse geregelt?
- ○ Regelt der Leasingvertrag den Fall, dass der Leasinggeber in Konkurs geht?
- ○ Werden im Vertrag die Finanzierungs-Leasingerlasse des Bundesfinanzministeriums eingehalten?
- ○ Ist ein Wartungsvertrag Bestandteil des Vertrags? Dies ist bei

EDV-Geräten zwingend. Was würde ein zusätzlicher Wartungsvertrag kosten?
- Ist eine Versicherung Bestandteil des Vertrages? Was umfasst diese Versicherung? Was würde eine zusätzliche Versicherung kosten?
- Entspricht das Leasingobjekt dem aktuellen Stand der Technik oder bei gebrauchten Geräten dem vertraglich vereinbarten Stand?
- Ist die Möglichkeit gegeben, während der Laufzeit weitere Produkte aus dem gleichen Sortiment dazuzuleasen? Wie ändern sich dann Laufzeit und Leasingrate?

Wie finanzieren Sie die Gründung?

Es gibt grundsätzlich zwei Quellen für die Finanzierung einer Existenzgründung: erstens Eigenkapital, über das Sie selbst verfügen oder das Ihnen in Form von Beteiligungskapital zur Verfügung gestellt wird, und zweitens Fremdkapital, wozu Bankkredite und öffentliche Fördermittel gehören.

Als Faustregel gilt, dass das Eigenkapital mindestens 20 Prozent des Gesamtkapitals ausmachen sollte. Wenn Ihr angespartes Eigenkapital nicht ausreicht und Ihnen auch keine Verwandten oder Freunde zu günstigen Konditionen Geld zur Verfügung stellen können, überlegen Sie, ob Sie eventuell einen Partner oder Teilhaber in Ihre Firma aufnehmen wollen, der über weitere Eigenmittel verfügt.

Über Fördermöglichkeiten informieren

Sie sollten sich zudem über die Fördermöglichkeiten informieren. Die Förderdatenbank des Bundesministeriums für Wirtschaft und Arbeit (www.bmwa.bund.de) gibt einen umfassenden Überblick über die Förderprogramme des Bundes, der Länder und der Europäischen Union. Zusätzliche Informationen erhalten Sie auch von den verschiedenen Kammern und Verbänden sowie bei den Wirtschaftsministerien der Bundesländer. Alle Bundesländer haben eigene Förderprogramme. Die wichtigsten Förderprogramme speziell für Existenzgründer sind:

- Unternehmerkapital: ERP-Kapital für die Gründung
- StartGeld, Mikro-Darlehen der KfW Mittelstandsbank
- Beratungsförderung
- Investitionszulage
- KfW-Unternehmerkredit
- Sonderabschreibungen und Ansparabschreibungen zur Förderung von kleinen und mittleren Unternehmen
- Investitionszuschuss im Rahmen der »Verbesserung der regionalen Wirtschaftsstruktur«
- weitere ERP-Programme, wie ERP-Beteiligungsprogramm, ERP-Innovationsprogramm
- Beteiligungskapital für kleine Technologieunternehmen (BTU)

Öffentliche Fördermittel des Bundes und der Länder müssen Sie grundsätzlich bei Ihrer Hausbank beantragen. Voraussetzung für die Gewährung von öffentlichen Finanzierungshilfen für Existenzgründungen ist, dass der Antragsteller eine ausreichende fachliche und kaufmännische Qualifikation nachweisen kann, soweit das üblicherweise für die Ausübung des angestrebten Berufes verlangt wird. Außerdem wird davon ausgegangen, dass es sich bei der Existenzgründung um eine »Vollexistenz« als Haupterwerbsgrundlage handelt. Ausnahmen bilden hier StartGeld und Mikro-Darlehen der KfW Mittelstandsbank, die auch für Nebenerwerbsgründungen gezahlt werden.

Neugründungen, für die nicht mehr als 60 000 Euro investiert und nicht mehr als 5 000 Euro als Darlehen aufgenommen werden müssen, gelten als so genannte Kleingründung. Dabei wird davon ausgegangen, dass der Selbstständige allein in dem Unternehmen arbeiten wird. Für Kleingründungen gibt es spezielle Fördermittel, wie das StartGeld oder das Mikro-Darlehen der KfW Mittelstandsbank und Kleinkredite verschiedener Regionen und Kommunen.

Bankkredite beantragen

Bevor Sie zu Ihrer Bank oder Sparkasse gehen, um für die fehlenden Gelder einen Kredit zu beantragen, überlegen Sie zunächst, welche Laufzeit Sie brauchen und wie die Tilgung geregelt werden soll. Existenzgründer neigen in der Regel dazu, die Tilgung eines Darlehens möglichst lange hinauszuschieben, was zwar die Zahlungsfähigkeit in der Anfangsphase verbessert, aber insgesamt zu höheren Kosten führt.

Je besser Sie sich auf ein Bankgespräch vorbereiten, desto größer ist die Chance, den erwünschten Kredit zu erhalten. Sie brauchen also Ihren Businessplan und den Finanzplan. Ganz wichtig ist es, Argumente zu finden, die den Bankberater von der Rentabilität Ihres Vorhabens überzeugen. Überlegen Sie, welche Probleme die Bank sehen könnte, und finden Sie entsprechende Lösungsansätze.

Bedenken Sie, dass Sie für den Kredit Sicherheiten hinterlegen müssen. Dies können zum Beispiel Sicherheitsübereignungen von Lebensversicherungspolicen, Wertpapieren oder Autos sein, eine Hypothek oder Grundschuld oder eine private oder öffentliche Bürgschaft. Eine öffentliche Ausfallbürgschaft können alle gewerblichen Unternehmen und Freiberufler – in einigen Bundesländern auch Landwirte, Gartenbaubetriebe und Fischer – bei den Bürgschaftsbanken beantragen. Voraussetzung ist, dass das Finanzierungsvorhaben als betriebswirtschaftlich sinnvoll angesehen wird. Der Antrag wird in der Regel über die Hausbank gestellt. Für ein einzelnes Unternehmen können Ausfallbürgschaften bis zu einer Höhe von 750 000 Euro übernommen werden, auch mehrfach.

Vereinbaren Sie auf jeden Fall Gespräche mit verschiedenen Instituten und beschränken Sie sich nicht allein auf Ihre Hausbank. Treten Sie beim Bankgespräch an sich selbstsicher und beharrlich auf, denn schließlich wollen Sie Ihren Gesprächspartner von Ihrem Konzept überzeugen. Wenn Sie dann verschiedene Kreditangebote haben, vergleichen Sie diese. Und denken Sie dran: Nicht der Zinssatz allein ist ausschlaggebend, sondern die Gesamtkonditionen. Die folgende Checkliste fasst die wichtigsten Punkte noch einmal zusammen

Checkliste: Bankgespräch

- ○ Welche Unterlagen brauchen Sie? Welche fehlen noch?
- ○ Mit welchen Argumenten können Sie den Bankberater von der Rentabilität Ihres Vorhabens überzeugen?
- ○ Welche Probleme könnte die Bank sehen? Was sind Ihre Lösungsansätze?
- ○ Welche Sicherheiten haben Sie?

- ○ Brauchen Sie Bürgschaften? Wer bürgt für Sie?
- ○ Haben Sie Gespräche mit verschiedenen Instituten vereinbart?
- ○ Denken Sie daran, selbstsicher und beharrlich aufzutreten.
- ○ Wie sind die Gesamtkonditionen im Vergleich?
  - Zinssatz
  - Zinsfestschreibung
  - Laufzeit
  - Tilgungsmodalitäten (Endfälligkeit, Ratenzahlung, Annuitätendarlehen mit gleich bleibender Rate, steigender Tilgung und fallenden Zinsen etc.)
  - Auszahlungskurs der Kreditsumme (Agio oder Disagio)
  - Auszahlungstermin
  - Annahmefrist
  - Kündbarkeit
  - Provisionen, Bearbeitungsgebühren und andere Nebenkosten
  - allgemeine Geschäftsbedingungen

Beteiligungskapital suchen

Wenn noch eine Lücke in der Finanzierung Ihrer Existenzgründung besteht, können Sie versuchen, diese mit Beteiligungskapital zu füllen. Es gibt in Deutschland weit über 200 Kapitalbeteiligungsgesellschaften und noch mehr private Geldgeber, die bereit sind, sich ohne die banküblichen Sicherheiten finanziell in jungen Unternehmen zu engagieren. Informationen darüber, welche Gesellschaften für Ihr Vorhaben in Frage kommen, erhalten Sie beim Bundesverband Deutscher Kapitalbeteiligungsgesellschaften (BVK) unter www.bvk.de.

Die meisten Beteiligungsgesellschaften sind private Firmen und arbeiten gewinnorientiert. Sie übernehmen Beteiligungen ab zirka 250 000 Euro, wenn entsprechend hohe Renditen – in der Regel von mehr als 25 Prozent – in Aussicht stehen. Ein Existenzgründer, der diese Renditen nicht bieten kann, kann sich an folgende Institutionen wenden:

1. Die mittelständischen Beteiligungsgesellschaften des BVK sind als Selbsthilfeeinrichtungen der Wirtschaft gegründet worden und arbeiten nicht

in erster Linie erwerbswirtschaftlich orientiert. Ihr Kapital entstammt unter anderem dem ERP-Beteiligungsprogramm der Bundesregierung und ist damit öffentlich gefördert. Diese Beteiligungsgesellschaften nehmen im Gegensatz zu den größeren, gewinnorientiert arbeitenden Gesellschaften keinen Einfluss auf die laufende Geschäftsführung, sondern überlassen diese dem Unternehmen. Sie beteiligen sich auch mit relativ kleinen Beträgen in Form von stillen Beteiligungen mit einer Laufzeit von zehn Jahren und erwarten lediglich eine Rückzahlung zum Nominalwert.
2. Die KfW Mittelstandsbank und die KfW Bankengruppe beteiligen sich an kleinen und mittleren Unternehmen sowie an Kapitalbeteiligungsgesellschaften, die kleinen und mittleren Unternehmen Beteiligungskapital zur Verfügung stellen.
3. Die tbg Technologie-Beteiligungs-Gesellschaft mbH beteiligt sich an kleinen und mittleren technologieorientierten Unternehmen: www.tbgbonn.de.
4. Business Angels sind Privatpersonen oder Unternehmer, die nicht nur Beteiligungskapital zur Verfügung stellen, sondern den Gründer auch persönlich beraten. Auskünfte erhalten Sie beim Business Angels Network Deutschland (BAND) unter www.business-angels.de.

Wie Sie neue Kunden gewinnen

Zu Ihrem Erfolg fehlen dann noch die Kunden. Leider ist nichts im Geschäftsleben so sicher wie die Tatsache, dass man irgendwann einmal Kunden verlieren wird. Lebenslange Geschäftsbeziehungen, die sich manchmal sogar über Generationen erstrecken, sind in der westlichen Welt so gut wie ausgestorben, während sie in Asien immer noch die Basis geschäftlichen Erfolgs bilden. Trotzdem sollten Sie sich viel Mühe geben, einen bereits vorhandenen Kunden so lange wie möglich an sich zu binden. Es kostet ein Vielfaches mehr an Geld und Zeit, einen neuen Kunden zu finden, als einen alten zu halten.

Allerdings ist immer nur derjenige ein Kunde, mit dem man auch Umsatz macht. Viele Fachgeschäfte kennen den Typ von »Kunden«, der sich zwar ausgiebig beraten und informieren lässt, dann aber die Markenware bei einem Discounter kauft. Auch vielen Dienstleistern und Handwerkern sind solche »Kunden« bekannt. Sie lassen sich beraten, fordern Konzeptionen und Kostenvoranschläge an, tun dies aber letzten Endes nur, um Ideen zu klauen und um zu wissen, wie viel Geld sie sparen, wenn sie die vorgesehene Maßnahme selber oder mit billigen Hilfskräften realisieren.

Den Kunden und seine Wünsche genau kennen

Nicht nur um solchen Schmarotzern zu entgehen, die sich mit Vorliebe auf Existenzgründer stürzen, ist es wichtig, den Kunden und seine Wünsche möglichst genau kennen zu lernen, sondern auch, um ihm mögliche zusätzliche Produkte und Leistungen anzubieten, die er mit großer Wahrscheinlichkeit braucht. Und vor allem ist es wichtig, eine persönliche Beziehungsbasis aufzubauen, denn diese persönlichen Bindungen sind für viele Geschäftsbeziehungen wichtiger als Preise und Leistungen.

Besteht zum Beispiel zwischen dem Inhaber einer Werbeagentur und einem leitenden Manager eines Unternehmens eine gute persönliche Bindung, wird auch das Unternehmen mit großer Wahrscheinlichkeit irgendwann zum Kunden werden. Dass diese Kundenbeziehung abbricht, wenn der Manager wechselt, muss der Existenzgründer in Kauf nehmen. Der Vorteil ist allerdings der, dass der neue Arbeitgeber des Managers mit ziemlicher Sicherheit über kurz oder lang ebenfalls wieder Agenturkunde wird.

Es gibt kaum eine Art von Geschäft oder Branche, die ohne Stammkunden auskommt. Personalisieren Sie deshalb Ihre Kunden. Erfragen Sie nicht nur ihre Namen und Adressen, sondern versuchen Sie ein regelrechtes Kundenprofil zu erstellen, aus dem hervorgeht, was der Kunde bei Ihnen kauft und warum. Je besser Sie das Profil eines guten Kunden kennen, desto leichter können Sie nach potenziellen Kunden Ausschau halten, die ein ähnliches Profil haben – wodurch wiederum die Wahrscheinlichkeit wächst, dass Sie diese ebenfalls zu Stammkunden machen können.

Neukundengewinnung als Daueraufgabe

Auch wenn Sie der Auffassung sind, dass Sie momentan genug Kunden haben, sollten Sie die Neukundengewinnung als eine Daueraufgabe ansehen, der Sie sich konsequent widmen. Denn wenn man erst dann einen neuen Kunden sucht, wenn ein alter verloren ging, ist es in der Regel zu spät, und man muss mit Einnahmelücken rechnen. Der beste Weg, um neue Kunden zu gewinnen, ist die persönliche Ansprache, das so genannte One-to-One-Marketing. Hierbei sind drei Schritte einzuhalten:

1. potenzielle Kunden identifizieren
2. potenzielle Kunden kontaktieren
3. mit potenziellen Kunden kommunizieren

1. Potenzielle Kunden identifizieren Potenzielle Kunden lassen sich unter sehr verschiedenen Gesichtspunkten identifizieren: Handelt es sich um Geschäftskunden oder um Privatkunden? Spielt für die Kunden die regionale Nähe eine Hauptrolle? Spielt die Geschäftsgröße oder die Einkommenshöhe eine Rolle? Ist die Branchenzugehörigkeit oder ein bestimmtes Hobby ausschlaggebend, um ein potenzieller Kunde für Sie zu sein? Diese Liste lässt sich je nachdem, welche Produkte oder Dienstleistungen Sie anbieten, beliebig verlängern und aufgrund Ihrer Fachkenntnisse weiter differenzieren.

2. Potenzielle Kunden kontaktieren Wenn Sie den Kunden kontaktieren, sollten Sie das zunächst schriftlich und möglichst personenbezogen machen. Bei Adressbrokern können Sie nicht nur Firmennamen nach Branchen, Größen, Postleitzahlen und anderen Kriterien sortiert kaufen, sondern auch die Namen von Führungskräften nach Funktionen oder hierarchischer Einordnung. Sie können auch Privatadressen kaufen, die sich zum Beispiel an bestimmten Gebäudemerkmalen oder auch am Lebensstil orientieren.

Natürlich wird man nicht bei allen Geschäften so persönlich vorgehen können oder auch müssen. Wollen Sie zum Beispiel die Treppenhausreinigung als Dienstleistung anbieten, kann es entweder zweckmäßig sein, mit Hausverwaltern in Ihrer Stadt Kontakt aufzunehmen oder einfach nur die Einwohner bestimmter Straßenzüge anzuschreiben. Letzteres kann sogar einfach mit Flugblättern geschehen, die von Prospektverteilern mit in die Briefkästen gesteckt werden.

Beispiel

Hin und wieder bieten Unternehmen ihre Produkte oder ihr Führungspersonal für unsere Sendung an, nach dem Motto »Wäre das nicht ein Thema für Sie?« – »Wäre er nicht ein Gesprächspartner für Sie?« So etwas ist natürlich durchaus sinnvoll, nur erwarte ich auch, dass sich die Anbieter zuvor über WISO als potenziellen Abnehmer sachkundig machen. Wenn uns also – wie geschehen – eine Innovation der kompliziertesten Art einer hoch spezialisierten IT-Schmiede angeboten wird, die keinerlei Bezug zu unserem Publikum und unseren Sendeinhalten hat, führt das zur Verärgerung beim Adressaten. Das ist vergeudete Zeit und damit Geldverschwendung.

Wer sich als Unternehmer erstmalig zu Werbeaktionen entschlossen hat, wird in der Regel enttäuscht sein. Kaum einer der potenziellen Kunden meldet sich. Jetzt die Flinte ins Korn zu werfen und auf weitere Kontaktmaßnahmen zu verzichten ist jedoch falsch.

3. Mit potenziellen Kunden kommunizieren Wichtig ist es zunächst einmal, eine Kommunikation aufzubauen, und das heißt im Neukundengeschäft Kontinuität. Erst wenn ein Kunde mindestens dreimal angesprochen wurde, wird er ein bestimmtes Angebot überhaupt bewusst wahrnehmen. Deshalb überlegen Sie sich, wie Sie eine Kommunikation aufbauen können. Dreimal hintereinander denselben Brief irgendwo hinzuschicken oder in den Briefkasten zu stecken, nützt ganz sicher nichts. Versuchen Sie auch nicht, den Kunden unbedingt gleich von Anfang an zum Kauf Ihrer Produkte oder Dienstleistungen zu bewegen. Natürlich muss er die Chance haben zu kaufen, aber wichtiger für Sie ist, dass er mit Ihnen zu kommunizieren beginnt.

Stellen Sie ihm ein kleines Geschenk in Aussicht, wenn er sich bei Ihnen meldet. Weingüter versprechen dem potenziellen Kunden einen Korkenzieher, wenn er ihnen verrät, welche Weinsorten er bevorzugt. EDV-Versender verschenken Reinigungs-CDs an die Kunden, die bereit sind, dafür die Portokosten zu tragen. Das alles tun sie nur, um an hochwertige Adressen zu gelangen und an Kunden, die bereit sind, mit ihnen in Kontakt zu treten.

Vielen Existenzgründern ist diese Art der Kundengewinnung zu aufwändig, zu teuer, zu langwierig oder zu umständlich. Hinter all diesen Argumenten verbirgt sich jedoch oft auch noch ein ganz anderer Grund: Mancher Existenzgründer ist kontaktscheu. Er möchte es lieber, dass der Kunde zu ihm kommt, anstatt dass er zum Kunden geht. Deshalb greifen viele Existenzgründer auf die Instrumente der klassischen Werbung zurück. Sie schalten Anzeigen, kleben Plakate oder gestalten einen Internet-Auftritt. Wer mutiger ist, versucht es auch schon einmal mit einem Radiospot bei einem lokalen Sender, einer Presseinformation bei regionalen Medien oder auch Fachmedien oder mit einem Event wie einem Tag der offenen Tür.

Auch für Werbung braucht man Know-how

Viele Existenzgründer glauben an den Grundsatz: »Jede Werbung ist besser als keine«. Das stimmt so jedoch nicht. Wer bei der Werbung sein Geld nicht nur zum Fenster hinauswerfen will oder sein eigenes Ego dadurch befriedigen möchte, dass er sein eigenes Foto in einer Anzeige im örtlichen Werbeblättchen sieht, braucht ein spezielles Know-how, Kreativität und Erfahrung. All das ist bei vielen Existenzgründern nicht oder zumindest nicht im ausreichenden Maße vorhanden. Selbst gemacht ist keinesfalls immer gut gemacht.

Alle Anzeigenverkäufer haben in der Regel gute Argumente, die für ihr Medium sprechen. Die Entscheidung, ob diese Argumente für das jeweilige Unternehmen wirklich zutreffen, muss der Existenzgründer allerdings selbst fällen. In manchen Fällen kann es beispielsweise sinnvoll sein, mit einem etwas größeren Auftritt in den Gelben Seiten des Telefonbuchs zu erscheinen, um eine größere Aufmerksamkeit zu bekommen.

Wer seine Anzeigen selbst textet und gestaltet, muss aufpassen, dass er keine Fehler macht, die von so genannten Abmahnvereinen gnadenlos ausgeschlachtet werden. Mancher Existenzgründer, der sich für besonders kreativ hält, schlägt in seinen Anzeigen so über die Stränge, dass entweder die Kunden die Anzeige nicht verstehen, dass er vergisst, die eigentliche Botschaft in der Anzeige zu verpacken, oder dass er die guten Sitten verletzt und die Anzeige dadurch letzten Endes sogar kontraproduktiv wird.

In der Regel ist es immer besser, einen Fachmann hinzuzuziehen. Das kann ein Grafikbüro sein, ein Texter, eine PR-Agentur, eine Werbeagentur oder ein Spezialist für Direktmarketing. Es gibt fast für jeden Bereich der Marketingkommunikation einen Spezialisten. Um hier die richtige Auswahl zu treffen, sollte man sich zunächst mit den Arbeiten für Referenzkunden befassen. Erscheinen diese zufriedenstellend und stimmen die Preise, kann man sich für einen Festpreis ein Kommunikationskonzept erarbeiten lassen, das Vorschläge und Kostenkalkulationen enthält, von dem man aber weder fertige Anzeigenentwürfe noch vollständige Texte erwarten darf. Das erhält man erst, wenn es an die Realisation geht.

Was Sie als Existenzgründer über Steuern und Versicherungen wissen müssen

Zusammenfassung

Als Existenzgründer ist es wichtig, dass Sie über Steuern und Versicherungen Bescheid wissen – zumindest über die wichtigsten. Viele Selbstständige verdrängen diese Faktoren eines eigenen Unternehmens gerne, man kommt aber nicht um die Auseinandersetzung mit diesen Themen herum. In welchen Steuerarten Sie Bescheid wissen sollten und welche Versicherungen sinnvoll sind, erfahren Sie im Folgenden.

Grundwissen Steuern

Sie müssen kein Steuerfachmann sein, um ein Unternehmen zu gründen. Sie sollten aber über einige Steuerarten grundsätzlich Bescheid wissen. Dazu gehören vor allem folgende:

- Einkommenssteuer
- Körperschaftsteuer
- Gemeindewirtschaftsteuer
- Lohnsteuer
- Umsatzsteuer
- Kirchensteuer

Einkommensteuer Die Einkommensteuer eines Unternehmers richtet sich nach seinem persönlichen Gewinn, den er mit seinem Unternehmen erwirtschaftet. Zu versteuern ist das Einkommen, das über dem Grundfreibetrag

(2006: 7664 Euro pro Person) liegt. Der Steuersatz ist von der Höhe des Gesamteinkommens abhängig. Der Eingangssteuersatz liegt seit 2005 bei 15 Prozent, der Spitzensteuersatz bei 42 Prozent. Das Finanzamt setzt einen Steuerbetrag fest, der vierteljährlich im Voraus gezahlt werden muss. Dieser richtet sich im ersten Jahr nach dem geplanten Gewinn, in den Folgejahren nach der erzielten Einkommenshöhe des Vorjahres.

Körperschaftsteuer Die Körperschaftsteuer wird auf ausgeschüttete und nicht ausgeschüttete Gewinne der körperschaftsteuerpflichtigen Unternehmen (zum Beispiel AG und GmbH) erhoben. Die Gesellschafter müssen die ausgeschütteten Gewinne zur Hälfte im Rahmen der Einkommensteuer versteuern. Bei einer Ausschüttung wird grundsätzlich eine Kapitalertragsteuer von 20 Prozent fällig. Auch für die Körperschaftsteuer verlangt das Finanzamt eine vierteljährliche Vorauszahlung.

Gemeindewirtschaftsteuer Die Gemeindewirtschaftsteuer muss jeder Gewerbebetrieb zahlen, und zwar, wie der Name schon sagt, an die Gemeinde. Die Höhe der Gemeindewirtschaftsteuer wird errechnet, indem der Ertrag aus dem Gewerbebetrieb mit dem so genannten Hebesatz multipliziert wird. Jede Gemeinde hat ihren eigenen Hebesatz.

Für natürliche Personen und Personengesellschaften gibt es einen Steuerfreibetrag von 24500 Euro, und bis zu 72500 Euro gelten ermäßigte Steuermesszahlen. Die Gemeindewirtschaftsteuer gilt als Betriebsausgabe und wirkt also gewinnmindernd.

Lohnsteuer Wer Mitarbeiter beschäftigt, muss die Lohnsteuer einbehalten und an das Finanzamt weiterleiten.

Umsatzsteuer Umsatzsteuer oder Mehrwertsteuer muss auf sämtliche Rechnungsbeträge aufgeschlagen werden. In der Regel sind es 16 Prozent, aber zum Beispiel Lebensmittel, Bücher, Zeitschriften sowie journalistische Tätigkeiten unterliegen dem ermäßigten Satz von 7 Prozent. Von der Summe der erhaltenen Umsatzsteuer zieht man die in demselben Zeitraum bezahlte Umsatzsteuer als Vorsteuer ab und überweist den Rest an das Finanzamt.

Kirchensteuer Wer Mitglied in der evangelischen oder katholischen Kirche ist, muss mit den Einkommensteuervorauszahlungen auch Kirchensteuer zahlen. Diese ist abhängig von der Höhe der Einkommensteuer und dem Kirchensteuersatz des entsprechenden Bundeslandes.

WISO rät

Planen Sie eine finanzielle Reserve für Steuerzahlungen ein. Im ersten Jahr Ihrer Existenzgründung werden Sie wegen der in der Regel hohen Belastungen keine oder nur wenig Steuern zahlen. Wenn das Geschäft dann aber gut läuft, müssen Sie mit hohen Nachzahlungen rechnen. Gleichzeitig wird das Finanzamt die Vorauszahlungsbeträge drastisch erhöhen. Das sind für Gründer manchmal negative Überraschungen, die sie in Bedrängnis bringen. Also: Sorgen Sie vor!

Welche Versicherungen sinnvoll sind

Zunächst geht es hier um die Absicherung des Existenzgründers und seiner Familie für den Krankheitsfall, bei Unfällen, für das Alter oder auch für den Todesfall. In der Regel können Selbstständige beim Start zwischen einer freiwilligen Versicherung bei den gesetzlichen Krankenkassen oder einer privaten Krankenversicherung wählen. Wenn Kinder vorhanden oder geplant sind, die mitversichert werden sollen, lohnt es sich auf jeden Fall, die gesetzliche Krankenversicherung zu wählen. Für Sonderleistungen im Krankenhaus kann man private Zusatzversicherungen abschließen. Da Selbstständige im Krankheitsfall keine Lohnfortzahlung erhalten, ist eine Krankentagegeld-Versicherung empfehlenswert.

Eine Unfallversicherung können Sie entweder bei der zuständigen Berufsgenossenschaft oder bei privaten Versicherern abschließen.

Selbstständige sind in der gesetzlichen Rentenversicherung nicht versicherungspflichtig, können sich aber freiwillig versichern lassen oder einen Antrag auf Versicherungspflicht stellen. Da es sich bei der gesetzlichen Versicherung in der Regel nur um die Absicherung einer Grundversorgung handelt, ist es empfehlenswert, zusätzlich für das Alter vorzusorgen. Das kann je nach Geschmack über Lebensversicherungen, Risikolebensversicherungen, private Rentenversicherungen oder über eine Berufsunfähigkeits-Zusatzversicherung im Rahmen der Lebensversicherungen erfolgen.

Betriebliche Versicherungen

Welche betrieblichen Versicherungen ein Existenzgründer braucht, hängt entscheidend von seinen speziellen Risiken ab. Deshalb müssen Sie ganz individuell für Ihr Unternehmen klären, welches Ihre Hauptrisiken sind.

Eine Betriebs-Haftpflichtversicherung ist in den meisten Fällen empfehlenswert, denn sie deckt Schäden gegenüber Dritten ab. Für bestimmte Freie Berufe (das sind zum Beispiel Architekten, Ingenieure, Journalisten oder Autoren) gibt es spezielle Berufs- oder Vermögensschaden-Haftpflichtversicherungen. Für produzierende Unternehmen kann es sinnvoll sein, die Betriebs-Haftpflichtversicherung mit einer Produkt-Haftpflichtversicherung zu kombinieren. Oder man kann die Betriebs-Haftpflichtversicherung an eine Umwelthaftpflicht-Versicherung koppeln, die vor Schadensersatzansprüchen schützt, wenn durch den Betrieb Boden, Wasser oder die Luft verunreinigt wurden.

Ob folgende betriebliche Versicherungen empfehlenswert sind, hängt vom Einzelfall ab:

Betriebs-Unterbrechungsversicherung Wenn Feuer, der Ausfall von Maschinen, der EDV-Anlage oder des Telefons, Personalausfall sowie Montage- und Transportschäden den gesamten Betrieb lahm legen, zahlt die Versicherung – solange keine Erträge erwirtschaftet werden können – bis zum Wiederaufbau die laufenden Kosten wie Löhne, Gehälter, Miete und Zinsen.

Einbruchdiebstahl-Versicherung Die Versicherung erstattet Schäden, die durch Diebstahl sowie Zerstörung oder Beschädigung von versicherten Sachen nach dem Diebstahl entstanden sind.

Elektronik-Versicherung Hier geht es um Schäden an EDV-Anlagen, bürotechnischen Anlagen und Telefonanlagen, die durch unsachgemäßen Gebrauch, Kurzschluss, Feuchtigkeit, Sabotage oder Ähnliches entstanden sind.

Feuerversicherung Auf diese Weise sind Schäden an der technischen und kaufmännischen Einrichtung versichert, die durch Brand, Blitzschlag, Explosion oder Flugzeugabsturz entstanden sind.

Leitungswasserversicherung Es geht um Sachschäden, die durch aus Wasserleitungen oder Wasser- und Heizungsanlagen austretendes Wasser entstanden sind.

Sturmversicherung Diese Versicherung deckt Sachschäden an Gebäuden und beweglichen Sachen ab, die sich auf dem versicherten Grundstück befinden.

Wie Sie den Überblick behalten: Selbstmotivation und Selbstmanagement

Zusammenfassung

Existenzgründer, die als Einzelkämpfer bei Null anfangen, haben nicht nur ein Aufgabengebiet wie »normale« Gehaltsempfänger, sondern gleich drei: Sie müssen Kunden akquirieren und sich Arbeit besorgen, sie müssen die Arbeit selbst organisieren und sie müssen die Arbeit auch selbst erledigen. Als erfolgreicher Existenzgründer ist es deshalb wichtig, die Kunst der Selbstmotivation und die des Selbstmanagements zu beherrschen.

Wichtig ist, dass man alle drei Aufgabenbereiche – Akquise, Organisation und Ausführung – in der Balance hält und bei der Erledigung einer Aufgabe die anderen beiden Bereiche nie aus den Augen verliert. Am schwersten fällt es den meisten, Kunden zu akquirieren und sich Arbeit zu besorgen, denn das hat man in den meisten Fällen nicht gelernt.

Die Arbeit zu organisieren beinhaltet auch, dass der Existenzgründer sämtliche Nebentätigkeiten, die in Unternehmen von Fachabteilungen oder Fachkräften übernommen werden, selbst erledigen muss. Die Zeit für die Erledigung dieser Arbeiten wird sehr oft unterschätzt. Das Spektrum reicht vom Einkauf von Büromaterialien bis zum Abwimmeln von Vertretern, die bei jedem Existenzgründer ein Geschäft wittern.

Alles muss man selbst machen: Die Kunst der Selbstmotivation

Über die Motive zur Existenzgründung, und über die eigenen Lebensmotive habe ich bereits am Anfang dieses Buches geschrieben. An dieser Stelle geht es vielmehr um die Motivation, genau das zu tun, was notwendig ist. Befolgen Sie dazu folgende fünf Regeln der Selbstmotivation:

1. Denken Sie an die erledigte Aufgabe oder das erreichte Ziel.
2. Nicht die Arbeit, sondern die Ergebnisse müssen Freude machen.
3. Sehen Sie alle anfallenden Arbeiten unter dem Aspekt der Zukunftssicherung.
4. Konzentrieren Sie sich auf Weniges.
5. Nutzen Sie Ihre Stärken.

1. Denken Sie an die erledigte Aufgabe oder das erreichte Ziel Schauen Sie stets auf das Ende eines Prozesses und nicht auf den Anfang. Stellen Sie sich die Zukunft bereits als Gegenwart vor. So können Sie Ihre eigene Psyche überlisten und die noch notwendigen Schritte mit größerer Leichtigkeit erledigen. Sagen Sie sich nicht: »Ich sollte das Angebot ausarbeiten, damit ich den Kunden gewinnen kann.« Verschieben Sie vielmehr Ihre Perspektive, indem Sie sich vorstellen: »Bald habe ich schon wieder einen Kunden gewonnen, weil ich ein gutes Angebot ausgearbeitet habe.«

2. Nicht die Arbeit, sondern die Ergebnisse müssen Freude machen Nach Ihrer Existenzgründung wird man Ihnen nicht mehr, wie es bei vielen Angestellten auch heute immer noch der Fall ist, eine Anwesenheitsprämie zahlen – es werden nur Resultate honoriert. Falls Sie es noch nicht getan haben, müssen Sie die Betrachtungsweise Ihrer Arbeit umstellen. Der oft zitierte Anspruch, Arbeit soll Freude machen, hat für einen Existenzgründer nur bedingte Gültigkeit. Er muss sich selbst darauf einstellen, dass vor allem die Ergebnisse der Arbeit Freude machen sollen.

Ich habe ja bereits die Ursachen für das spätere Scheitern von Existenzgründungen erläutert. In den meisten Fällen wurde notwendige Arbeit nicht getan, weil sie keine Freude machte. Aber es gibt nun einmal viele Tätigkeiten, die erledigt werden müssen. Betrachten Sie auch lästige Arbeiten unter dem Gesichtspunkt: »Wie fühle ich mich, wenn das hier beendet ist und das Ergebnis vorliegt?« Je entschlossener unumgängliche

Belastungen bearbeitet werden, desto größer ist die spätere Zufriedenheit.

3. Sehen Sie alle anfallenden Arbeiten unter dem Aspekt der Zukunftssicherung Sie sollten bei allem, was Sie tun, nicht nur daran denken, ob Sie damit Geld verdienen oder ob Sie sich dadurch selbst verwirklichen – betrachten Sie die anstehenden Aufgaben vielmehr unter dem Aspekt der Zukunftssicherung. Auch der Beitrag von lästigen und unangenehmen Arbeiten, von denen Sie genau wissen, dass Sie dafür keine Rechnung schreiben können, dient der langfristigen Existenzsicherung. Sehen Sie also auch in Steuererklärungen ganz einfach eine Investition in eine bessere Zukunft.

4. Konzentrieren Sie sich auf Weniges Diese Regel gilt sowohl für lange als auch für kurze Zeiträume. Nicht der Weg sollte für Sie das Ziel sein. Betrachten Sie jede Aufgabe als eine Stufe auf der Treppe zum Erfolg und gehen Sie diesen Weg Schritt für Schritt. Nur dann verlieren Sie nicht den Boden unter den Füßen.

5. Nutzen Sie Ihre Stärken Machen Sie sich Ihre Stärken auch für Aufgaben zunutze, bei denen Sie zunächst glauben, dass Sie Ihre Qualitäten nicht einsetzen können. Betrachten Sie jede Aufgabe unter dem Aspekt Ihrer persönlichen Stärke. Auch wenn Sie die Aufgabe nicht gänzlich verändern können, ist es doch möglich, die Herangehensweise zu modifizieren.

Was wann getan werden muss: Die Kunst des Selbstmanagements

Heute wird viel von der Balance zwischen Arbeit und Leben gesprochen, der Work-Life-Balance. Es entsteht dadurch der Eindruck, dass Leben und Arbeiten zwei verschiedene Dinge sind, die in einem gegenseitigen Gleichgewicht gehalten werden müssen. Es wird sich für Sie jedoch herausstellen, dass Arbeit gleich Leben ist. Und damit das Leben und die Arbeit noch Spaß machen, müssen Sie nicht nur motiviert, sondern auch organisiert sein.

Organisieren bedeutet nichts anderes als Ordnung zu schaffen. Dieses Schaffen von Ordnung bezieht sich nicht nur auf Sachen, sondern auch auf die eigene Zeit. Die richtigen Reihenfolgen und Abläufe sind dabei ebenso wichtig wie Werkzeuge, die stets an derselben Stelle zu finden sein sollten, die klare Gestaltung der Vorgänge in Ihrem Computer oder die alphabetische Ordnung in einer Akte. Folgende sind die wichtigsten Regeln des Selbstmanagements:

1. Sparen Sie Zeit durch schriftliche Planung und Dokumentation.
2. Meiden Sie Zeitfresser im Alltagsgeschäft.
3. Überbrücken Sie Zeitlöcher mit Zukunftsplanungen.
4. Zerlegen Sie Aufgaben in einzelne Schritte.
5. Planen Sie Spielräume ein.
6. Unterscheiden Sie zwischen wichtig und dringend.

1. Sparen Sie Zeit durch schriftliche Planung und Dokumentation Viele Existenzgründer glauben, das Geld sei der größte Engpass in ihrem Unternehmen. Tatsächlich ist es aber die Zeit. Jede verlorene Stunde fehlt Ihnen am Ende eines Tages. Deshalb ist es wichtig, dass Sie das, was Sie vorhaben, schriftlich planen. Die Schriftform hat nur sehr bedingt etwas mit Vergesslichkeit zu tun. Man sollte es eher als eine Form der Selbstprogrammierung betrachten, denn durch das Schreiben werden auch andere Gehirnbereiche in den Denkprozess einbezogen, als wenn man es sich allein nur im Kopf überlegt und merkt.

Ob Sie nun ein wichtiges Telefongespräch vorbereiten oder eine ganztägige Konferenz – wenn mehr als nur zwei Punkte anzusprechen sind, ist es sinnvoll, sie vorher kurz schriftlich zu fixieren. Sie werden sehen, dass dadurch schnell eine Ordnung entsteht, die sich nach der Wichtigkeit der einzelnen Punkte richten kann. Die Reihenfolge der Punkte kann auch eine Strategie widerspiegeln, wenn es zum Beispiel darum geht, jemand anderen von Ihren Vorstellungen zu überzeugen. Und durch solche schriftlichen Notizen konzentriert man sich schließlich auf das Wesentliche, denn Unwesentliches würde man ganz automatisch nicht notieren.

Das Gleiche gilt auch für Notizen, die man sich während einer Besprechung oder eines Telefonats macht. Man muss seinem Gedächtnis keinen zusätzlichen Ballast aufladen und hat hinterher ein Feedback dazu, ob der Zeitaufwand für die Besprechung und der Nutzen in einer vernünftigen Relation standen. Daraus lassen sich Schlüsse für die Zukunft ziehen.

2. Meiden Sie Zeitfresser im Alltagsgeschäft Die größten Zeitfresser im Alltagsgeschäft sind unklare Vereinbarungen und nicht getroffene Entscheidungen. Beide führen dazu, dass das gleiche Thema immer wieder bearbeitet werden muss und dass man sich gedanklich immer wieder mit Fragen beschäftigt, die zum derzeitigen Zeitpunkt ohnehin nicht beantwortet werden können.

Zu den Zeitfressern gehören aber auch Kunden, die sich nicht entscheiden können, immer neue Informationen nachfordern oder bereits getroffene Entscheidungen wieder revidieren wollen. Schriftliche Auftragsbestätigungen oder auch nur ein schriftlicher Vermerk über ein Gespräch, per E-Mail kurzfristig nachgesendet, reichen in der Regel, um solche Gesprächspartner zu einer gewissen Disziplin zu zwingen.

3. Überbrücken Sie Zeitlöcher mit Zukunftsplanungen Existenzgründer sind in der Regel ungeduldige Menschen. Sie wollen hier und jetzt schnell etwas erreichen. Unsere Gesellschaft ist zwar einerseits extrem schnelllebig, andererseits dehnen Arbeitsteilung und Bürokratie die meisten Entscheidungsprozesse und Abläufe in nur etwas komplexeren Unternehmen und Institutionen unendlich lange aus.

Das war auch schon eine Erfahrung, die Michael Hammer und James Champy Anfang der 90er Jahre gemacht haben, als sie die Idee des Business Reengineering entwickelten. Sie stellten fest, dass eine Entscheidung in einem Unternehmen, die ohne Qualitätsmängel innerhalb einer halben Stunde getroffen werden kann, manchmal bis zu drei Wochen Zeit beanspruchte, ganz einfach weil sich ein Blatt Papier über diverse Ein- und Ausgangskörbe quälen musste und über Flure getragen wurde.

An dieser Situation hat sich bis heute wenig geändert, und ein Selbstständiger – erst recht ein Einzelkämpfer – kann und will sich mit solchen Situationen nicht abfinden. Er betrachtet sie als Zeitverschwendung, wird aber hin und wieder nichts daran ändern können. Deshalb ist es wichtig, dass Sie sich neben dem flexiblen und schnellen Handeln, das Sie von großen Organisationen unterscheidet, daran gewöhnen, nicht nur kurzfristige, sondern auch langfristige Ziele zu setzen. Denn an denen können Sie arbeiten, wenn Ihre anderen Aktivitäten von Dritten blockiert werden.

Dieses langfristige Denken ist ein wirksames Instrument, der eigene Herr zu bleiben. Wenn Sie in bestimmten Projekten von anderen ausgebremst werden, müssen Sie stets weitere in der Pipeline haben, die dem langfristigen Ziel ebenso dienlich sind.

4. Zerlegen Sie Aufgaben in einzelne Schritte Um Ordnung in den zeitlichen Abläufen zu schaffen, ist es zweckmäßig, jedes größere Projekt in Teilprojekte zu zerlegen. Sie wissen dann genau, wann was getan werden muss und welcher Schritt von einem anderen abhängt. Dieses Zerlegen von Projekten ermöglicht es Ihnen, konzentriert und sinnvoll an mehreren Projekten gleichzeitig zu arbeiten, ohne Leerlaufphasen zu haben.

5. Planen Sie Spielräume ein Es gibt Planungsfetischisten, die im Minutentakt exakt die zur Verfügung stehenden Zeiten für bestimmte Aufgaben festlegen. Nur stellt sich in der Regel heraus, dass solche Planungen niemals funktionieren, weil kaum ein Unternehmer der absolute Herr seiner Zeit ist. Immer wieder kommen Aufgaben von außen auf ihn zu.

Es gibt Leute, die auf die exakte Einhaltung ihres eigenen Terminplans bestehen und alle neuen Aufgaben an die bereits geplanten anhängen – mit dem Ergebnis, dass selbst einfache Rückrufe sich um Wochen verzögern können. Kommt in eine minutengenaue Planung von Besprechungen und anderen Tätigkeiten erst einmal Unordnung, hat das in der Regel katastrophale Auswirkungen. Zum Beispiel werden Mitarbeiter blockiert, indem ein Besprechungstermin sechsmal hintereinander um eine Viertelstunde hinausschoben wird, anstatt die Reihenfolge der eigenen Aufgaben zu verändern und den Termin vorzuziehen oder auf einen gänzlich neuen Zeitpunkt zu verlegen.

Verlegung und Flexibilität sind aber nur dann möglich, wenn man ganz bewusst Zeitreserven in den Tagesplan einbezieht. In der Regel sollte man nicht mehr als die Hälfte der vorhandenen Zeit fest verplanen.

6. Unterscheiden Sie zwischen wichtig und dringend Viele Menschen sind es nicht gewohnt, zwischen wichtigen und dringenden Aufgaben zu unterscheiden. Man wird bei jeder Aufgabe das Sowohl-als-auch abwägen müssen. Viele Terminarbeiten sind eigentlich nicht wichtig, aber an einen bestimmten Zeitpunkt gebunden. Wichtige Arbeiten sind oft nicht dringend und werden deshalb unnötig lange hinausgeschoben. Auch hier hilft die schriftliche Planung, um für jeden Tag die im Einzelfall richtigen Entscheidungen zu treffen.

Das Geschäft wächst: Wenn Sie Unterstützung brauchen

Zusammenfassung

Drei Viertel aller Existenzgründungen finden ohne oder allenfalls mit einem Mitarbeiter statt. Ein Viertel aller Existenzgründer startet die Selbstständigkeit zunächst im Nebenerwerb. Allen ist zu wünschen, dass sie erfolgreich sind. Aber wie weit haben sie bei der Existenzgründung den künftigen Erfolg schon einkalkuliert? Wie soll es weitergehen, wenn das Unternehmen boomt? Sollen Mitarbeiter eingestellt werden oder ein Partner ins Boot geholt werden? Wie sieht es mit der weiteren Finanzierung und mit der Fortschreibung des Businessplans aus? Wenn Sie sich mit diesen Fragen beschäftigen, steigen Ihre Chancen, Ihr Unternehmen auch weiterhin auf Erfolgskurs zu halten.

Die Praxis zeigt, dass die Mehrzahl aller Existenzgründer erst nach dem Start die wichtigsten Erfahrungen in Bezug auf ihre Selbstständigkeit sammeln. Ungefähr nach einem Jahr wissen sie, was geht und was nicht. Erfahrungen brauchen einfach Zeit.

Nur wenn das Geschäft als Franchise-Unternehmen mit einer bewährten und ausgereiften Idee an den Start geht, ist der Existenzgründer gegen mehr oder weniger unangenehme Überraschungen einigermaßen abgesichert. Die übrigen Unternehmensgründer werden kleinere oder häufig sogar größere Modifikationen an ihrer Gründungsidee vornehmen müssen. Sei es, dass man im Handel das Sortiment verändert, im Dienstleistungsbereich die Preise senkt, sich entweder stärker spezialisiert oder aber das Angebot erweitert – meistens weiß man erst nach einer gewissen Zeit, worauf es ankommt. Und mit etwas Glück und viel Arbeitseinsatz kann man den Erfolg dann kontinuierlich vorantreiben.

Da die Existenzgründer sich aber schon vom Start weg dem Aufbau ihres Unternehmens mit mehr als 100 Prozent gewidmet haben, taucht nun die Frage auf: Wie soll man mit dem Mehr an Arbeit umgehen, das mit dem Mehr an Erfolg verbunden ist? Hier gibt es zwei Möglichkeiten: Die Arbeit kann entweder horizontal oder vertikal aufgeteilt werden. Das bedeutet, man delegiert oder man spezialisiert sich. In beiden Fällen sind Mitarbeiter beziehungsweise Partner notwendig. Dazu mehr in den beiden folgenden Unterkapiteln.

Vertikale Aufteilung: Einfache Arbeiten richtig delegieren

Vertikale Aufteilung bedeutet, dass man einfachere Tätigkeiten delegiert. Damit hat man sich aber noch nicht gänzlich von diesen Arbeiten befreit. In der Regel muss man die Arbeit, die man delegiert, trotzdem noch organisieren und die richtige Ausführung kontrollieren. Im ungünstigsten Fall muss man sie ganz oder teilweise noch einmal machen.

Viele Existenzgründer, die bis dahin noch keine Mitarbeiter geführt haben, glauben, dass man scheinbar einfache Tätigkeiten problemlos delegieren kann. Dazu werden in der Regel Schreibarbeiten gezählt, aber auch Verpacken und Versenden von Briefen, Rechnungen oder auch Produkten sowie alles, was mit Ablegen und Archivieren zu tun hat.

Wer für diese Arbeiten nicht genau die richtigen Mitarbeiter gefunden hat, wird oft sein blaues Wunder erleben, wenn er auf Kontrollen verzichtet: Rechnungen, Lieferungen und Briefe landen bei den falschen Kunden. Anlagen fehlen oder sind nicht vollständig. In einem Fall wurden die Angebote eines Lieferanten von der Hilfskraft eines Existenzgründers dem Angebotsschreiben an den Kunden beigefügt. So konnte sich dieser nicht nur über die Gewinnspanne informieren, er stellte auch gleichzeitig noch fest, dass seine Projekte keineswegs, wie von dem Dienstleister behauptet, persönlich bearbeitet, sondern an Dritte weitergegeben wurden. Oder es passiert, dass Dokumente für immer in der Ablage verschwinden, weil sie an der falschen Stelle abgeheftet wurden. Und selbst wenn es um das Aktualisieren von Loseblattsammlungen geht: Falsch abgelegte oder versehentlich entfernte Seiten lassen den praktischen Wert solcher Sammlungen schnell sinken.

Solche Probleme entstehen, weil dafür Mitarbeiter ausgewählt wurden, die unterqualifiziert sind. Besonders häufig fehlt ihnen einfach die Fähigkeit zur Selbstkontrolle. Aber auch die Erfahrungen mit überqualifizierten Mitarbeitern sind bei einfachen Tätigkeiten häufig nicht gut, denn diese schätzen einfache Arbeiten nur gering ein und schalten während der Tätigkeit ab oder sind mit den Gedanken woanders. Das Thema Personalauswahl ist deshalb für Existenzgründer sehr wichtig.

Mitarbeiter richtig auswählen

Gerade Existenzgründer, die allein gestartet sind, machen bei der Personalauswahl oft grobe Fehler, die erfahrenen Personalleitern in größeren Unternehmen nicht unterlaufen würden. Das liegt daran, dass man die ohnehin knappe Zeit lieber für das eigentliche Geschäft einsetzt und die Einstellungsgespräche und Formalitäten, wie man glaubt, so effizient wie möglich durchführt. Dabei gilt jedoch die Faustregel: Je geringer die Ansprüche an die Fähigkeiten und erwarteten Leistungen des Mitarbeiters sind, desto zufälliger ist die Auswahl.

Viele Existenzgründer denken sich, dass die Suche nach einem Mitarbeiter nicht viel kosten darf. Also fragen sie im Bekanntenkreis herum, machen am Schwarzen Brett im Supermarkt einen Aushang oder rufen bei der Agentur für Arbeit an. Über die genaue Tätigkeit wird dabei selten ein Wort verloren. Selbst wenn irgendwo preiswerte Kleinanzeigen geschaltet werden, steht dort oft nicht mehr als »Aushilfe gesucht«.

Hinsichtlich der Auswahlkriterien steht die Bewertung »soll nett sein« in der Regel an erster Stelle. Und ob derjenige, der sich bewirbt, nett ist, glaubt man schon zu wissen, wenn er zur Tür hereinkommt. Schriftliche Bewerbungsunterlagen oder gar Referenzen werden nur selten gefordert, und wenn doch, spielen sie bei der Beurteilung des Bewerbers oder der Bewerberin gegenüber dem persönlichen Eindruck nur eine untergeordnete Rolle.

Auch das Vorstellungsgespräch selbst läuft nur selten in einer vorbereiteten und strukturierten Form ab. Im Grunde genommen ist es mehr eine Art Small Talk. Einige Existenzgründer fürchten, dem Bewerber mit klaren Fragen zu nahe zu treten, andere sehen das ganze Bewerbungsgespräch eher als eine Selbstdarstellungsveranstaltung für sich selbst. Sie erzählen von ihren Ideen und Vorhaben und loben ihre eigenen Leistungen, stellen aber kaum Fragen, und wenn doch, hören sie bei den Antworten nicht zu, sondern nehmen bereits das nächste Telefongespräch an.

Dass die Zusammenarbeit in solchen Fällen von beiden Seiten nicht als befriedigend empfunden wird, dürfte kaum überraschen. Deshalb ist auch die Mitarbeiterfluktuation gerade bei Existenzgründern verhältnismäßig hoch. Besonders dann, wenn der Existenzgründer erwartet, dass sein Mitarbeiter »unternehmerisch« denkt und genauso handelt wie er selbst. Um den richtigen Mitarbeiter zu finden, sollten Sie sich deshalb die folgenden Fragen beantworten:

Checkliste: Was bei der Personalauswahl wichtig ist

- O Was soll der neue Mitarbeiter genau tun?
- O Welche geistigen und körperlichen Anforderungen stellt der Arbeitsplatz?
- O Welchen Bildungsabschluss braucht der neue Mitarbeiter?
- O Welchen Berufsabschluss braucht er?
- O Welche Zusatzqualifikationen sind Voraussetzung oder wünschenswert?
- O Wie viele Jahre Berufspraxis sollte der Mitarbeiter haben?
- O Wer ist der direkte Vorgesetzte des neuen Mitarbeiters?
- O Wessen Vorgesetzter ist er selbst?
- O Welche Befugnisse und Vollmachten soll er haben?
- O Welche persönlichen Eigenschaften und Stärken sind für diese Position wichtig?
- O Ist der vorgelegte Lebenslauf lückenlos?
- O Sind alle bisherigen beruflichen Aktivitäten mit Zeugnissen hinterlegt?
- O Befindet sich im Anschreiben des Bewerbers ein Hinweis auf seine Motivation?
- O Ist der Bewerber für die anstehende Aufgabe über- oder unterqualifiziert?
- O Passt der Bewerber in das Team, mit dem er zusammenarbeiten soll?

Freiwillige und kostenlose Mehrarbeit ihrer Angestellten setzen viele Existenzgründer als selbstverständlich voraus. Aber gerade Mitarbeiter mit geringem Gehalt sind sehr sensibel, wenn sie das Gefühl haben, ausgebeutet zu werden, da sie oft genug für ein Einkommen arbeiten, das sich netto nur geringfügig vom Arbeitslosengeld oder der Sozialhilfe unterscheidet.

Sie sollten sich deshalb schon frühzeitig Gedanken um die Art des Beschäftigungsverhältnisses machen. Wenn Sie einen neuen Mitarbeiter einstellen, stehen Ihnen folgende Möglichkeiten offen:

- Mini-Jobs
- Kurzfristige Mini-Jobs
- Midi-Jobs
- Teilzeitarbeit und befristete Arbeitsverhältnisse
- Vollzeitarbeitsverhältnis

Mini-Jobs Bei Mini-Jobs handelt es sich um eine geringfügige Beschäftigung, bei der nicht mehr als 400 Euro monatlich gezahlt werden. Der Arbeitgeber zahlt für die Sozialversicherung und Lohnsteuer pauschal 25 Prozent vom Lohn an die Mini-Job-Zentrale bei der Bundesknappschaft, Kleinbetriebe mit bis zu 30 Mitarbeitern zusätzlich 1,3 Prozent für die Lohnfortzahlungsversicherung. Der Arbeitnehmer braucht keine Sozialversicherungsbeiträge zu zahlen.

Kurzfristige Mini-Jobs Mini-Jobs bis zu zwei Monaten oder 50 Arbeitstagen im Kalenderjahr sind weder für den Arbeitnehmer noch für den Arbeitgeber sozialversicherungspflichtig.

Midi-Jobs Wenn der Arbeitnehmer zwischen 400,01 und 800 Euro monatlich verdient, zahlt der Arbeitgeber den normalen Sozialversicherungsbeitrag von 21 Prozent. Der Arbeitnehmer zahlt einen progressiv nach der Lohnhöhe steigenden Betrag sowie die entsprechende Lohnsteuer.

Teilzeitarbeit und befristete Arbeitsverhältnisse Seit dem 1. Januar 2004 können Existenzgründer in den ersten vier Jahren der Geschäftstätigkeit befristete Arbeitsverträge bis zu vier Jahren ohne sachlichen Grund der Befristung abschließen.

Vollzeitarbeitsverhältnis Auch für Existenzgründungen gelten für ein Vollzeitarbeitsverhältnis die arbeitsrechtlichen Mindestbedingungen. Dazu gehören ein Mindesturlaub von 24 Werktagen pro Jahr für Erwachsene und für Jugendliche zwischen 25 und 30 Werktagen sowie die gesetzliche Grundkündigungsfrist. Prüfen Sie, ob für Ihr Unternehmen das Kündigungsschutzgesetz Anwendung findet.

Wenn Sie sich für einen Mitarbeiter und für die Art des Beschäftigungsverhältnisses entschieden haben, gilt es, einen Arbeitsvertrag aufzusetzen. Auch das wird häufig von Existenzgründern unterschätzt. Machen Sie sich vor der Erstellung des Arbeitsvertrages folgende Gedanken:

Checkliste: Das gehört in einen Arbeitsvertrag

- ○ Enthält der Vertrag eine konkrete Aufgabenbeschreibung?
- ○ Gibt es eine Klausel, dass der Arbeitnehmer jederzeit versetzt werden kann?
- ○ Wird der Beginn der Tätigkeit genannt?
- ○ Wird die wöchentliche oder tägliche Arbeitszeit genannt? Auch Arbeitsbeginn und Arbeitsende?
- ○ Gibt es eine Betriebsvereinbarung?
- ○ Wie sieht die tarifliche Regelung aus?
- ○ Wie wird mit Mehrarbeit umgegangen?
- ○ Ist der Vertrag unbefristet?
- ○ Welche Probezeit gibt es?
- ○ Ist der Vertrag befristet?
- ○ Läuft der Vertrag automatisch aus, wenn keine Verlängerung erfolgt?
- ○ Wie hoch ist das Gehalt einschließlich Zuschlägen (Tarife beachten)?
- ○ Wann wird gezahlt?
- ○ Gibt es Urlaubsgeld?
- ○ Gibt es Weihnachtsgratifikationen?
- ○ Gibt es sonstige Nebenleistungen? Sind das feste Zusagen oder widerrufliche freiwillige Leistungen?
- ○ Gibt es Rückzahlungsklauseln?
- ○ Gibt es Urlaubsanspruch (gesetzliche Mindestregeln beachten)?
- ○ Muss zu bestimmten Zeiten Urlaub genommen werden (Betriebsurlaub)?
- ○ Ist eine Kündigung vor Arbeitsantritt möglich?
- ○ Gibt es für diesen Fall eine Vertragsstrafe?

- Wie sieht es mit Kündigungsfristen aus (gesetzliche Regelungen beachten)?
- Enthält der Vertrag eine Verschwiegenheitserklärung oder ein Wettbewerbsverbot?
- Gibt es eine Angabepflicht für Nebentätigkeiten?
- Gibt es eine Ausschlussklausel für die Geltendmachung von arbeitsvertraglichen Ansprüchen nach einer bestimmten Frist?
- Gibt es sonstige individuelle Vereinbarungen?

Horizontale Aufteilung: Mitarbeiter oder Partner?

Statt einer vertikalen Arbeitsteilung kann der Existenzgründer natürlich auch die horizontale Aufteilung der Arbeit wählen. Hierbei kann man die gesamte Arbeit aufteilen oder sich spezialisieren. Zum Beispiel übernimmt einer den Verkauf und der andere die Produktion. In jedem Fall braucht man aber einen Mitarbeiter oder einen Partner, der gleiche oder ähnliche Fähigkeiten auf gleichem Niveau mitbringt.

Da der Existenzgründer vor der Arbeitsteilung zwar viel, aber nur selten doppelt so viel gearbeitet hat, ist es bei einer horizontalen Verteilung meist so, dass das junge Unternehmen bei gleich bleibender Arbeitsmenge Gewinneinbußen hinnehmen oder durch verstärkte Akquisition das Arbeitsaufkommen noch einmal zusätzlich steigern muss.

Ehe der Existenzgründer also einen Mitarbeiter einstellt, der ihm gleichwertig ist und der daher vergleichbar viel kostet, wird er sich in der Regel eher um einen Partner bemühen, der auch noch bereit ist, durch eigene Investitionen die finanzielle Belastung des Existenzgründers zu mindern oder aber das Wachstum zu fördern.

Es geschieht immer wieder, dass Existenzgründer Freunde für ihre Idee begeistern oder überreden und diese dann ins Unternehmen holen. Aber nur weil man befreundet ist, bedeutet das nicht, dass man auch optimal zusammenarbeitet. Selbst wenn die Chemie und das Vertrauen stimmen, können doch durch unterschiedliche Kenntnisse und Fähigkeiten, eine unpräzise Aufgabenverteilung oder auch durch mangelnde Kommunikation erhebliche Probleme entstehen. Schließlich geht es nicht nur darum zusammenzuarbeiten, sondern auch gemeinsam Geld zu verdienen.

Kooperationen als Alternative

Möchte man keine Mitarbeiter einstellen und findet auch keinen geeigneten Partner, ist es möglich, die weitere Expansion dadurch voranzutreiben, dass man Kooperationen eingeht oder sogar mit einem anderen Unternehmen fusioniert. Weil der Existenzgründer inzwischen weiß, dass er nicht nur die fachliche, sondern auch unternehmerische Qualifikation hat, und weil er – das ist besonders wichtig – über eigene Kunden verfügt, hat er jetzt bei Verhandlungen einen viel höheren Status, als es noch beim Start der Fall war.

Er kann sich zum Beispiel überlegen, ob er mit anderen Einzelkämpfern eine Bürogemeinschaft gründet, bei der man sich die Fix- und Personalkosten teilt und zusätzlich die Chance hat, durch Cross-Selling weitere Kunden zu gewinnen. Er kann sich auch Kooperationen oder Netzwerken anschließen und dadurch seine lokale Präsenz auf eine bundesweite Basis stellen. Allerdings muss er immer vorsichtig sein, dass er nicht an erfolglose Unternehmer gerät, die durch solche Verbindungen nur ihre eigene Haut retten wollen.

Es ist also stets genau zu prüfen, was die einzelnen Kooperationspartner in die Zusammenarbeit einbringen werden. Oft kann es auch zweckmäßig sein, wenn aus Konkurrenten Partner werden. Auf diese Weise kann man entweder durch Vergrößerung des Volumens seine Einkaufsmacht stärken oder auch gegenüber den Kunden an Kompetenz gewinnen, indem man zum Beispiel eine gemeinsame Marke schafft. Ob im Handel, bei Dienstleistungen oder in der Produktion, in vielen Fällen ist das der Zeitpunkt, an dem ein Existenzgründer über eine andere Rechtsform nachdenken muss.

Businessplan fortschreiben

Egal, ob Sie sich nun neue Partner suchen oder nicht, nach einem Jahr in der Selbstständigkeit ist es auf jeden Fall Zeit, den Businessplan fortzuschreiben. Konkret geht es dabei um folgende Fragen:

- Wie stellt sich die aktuelle Geschäftssituation dar?
- Worin besteht der Geschäftserfolg?
- Wer sind die aktuellen Kunden?

Jeder Punkt des bestehenden Geschäftsplans sollte kritisch überprüft und gegebenenfalls ergänzt oder fortgeschrieben werden. Und wenn sich einzelne Punkte nicht verändert haben, sollte man überlegen, warum das im Bezug zu den Rahmendaten so ist. Hat man vielleicht nur die falschen Bezugsgrößen gewählt?

Wenn zum Beispiel die prozentualen Marktanteile gleich geblieben sind, kann es sein, dass inzwischen ein neuer Markt heranwächst, der dem alten Konkurrenz macht. Schauen Sie doch nur, wie schnell der Markt für Digitalkameras gewachsen ist und wie rasant klassische Fotoapparate für Kleinbildfilme verdrängt wurden. Eine ähnliche Entwicklung gibt es beim Thema Video zwischen den Systemen VHS, DVD und Festplatte.

Weitere Expansion oder Konsolidierung?

Am Ende der Überarbeitung des Businessplans steht die Frage: Können und wollen Sie den Status quo halten oder formulieren Sie neue Ziele und benötigen in diesem Zusammenhang auch weitere Mittel für Investitionen? Statt sich für eine Partnerschaft oder Kooperation zu entscheiden, können Sie je nach den angestrebten Zielen und Möglichkeiten auch überlegen, sich neues Kapital ins Haus zu holen. Das dürfte zu diesem Zeitpunkt weniger Probleme bereiten als beim Start in die Selbstständigkeit. Immerhin wird es jetzt für Kapitalgeber – seien es Privatleute oder Kapitalbeteiligungsgesellschaften – einfacher sein, die weiteren Erfolgschancen zu beurteilen.

Ansprechpartner und Internet-Adressen

Informationsmaterial und allgemeine Beratung erhalten Existenzgründer, meist kostenlos, an folgenden Stellen:

- Fach- und Branchenverbände, Gewerkschaften, Vereine, Genossenschaften, Industrie- und Handelskammern, Deutscher Industrie- und Handelskammertag (DIHT): www.dihk.de
- Handwerkskammern, Zentralverband des Deutschen Handwerks (ZDH): www.zdh.de
- Banken, Sparkassen, Volks- und Raiffeisenbanken: Bundesverband der Volks- und Raiffeisenbanken: www.vrnetworld.de
- Sparkassen-Finanzgruppe: www.sparkasse.de
- Bundesministerium für Wirtschaft und Arbeit (BMWA): www.bmwa.bund.de oder www.existenzgruender.de
- EXIST Existenzgründungen aus Hochschulen, Bundesministerium für Bildung und Forschung (BMBF): www.exist.de und www.exist-seed.de
- Internetportal des Landes Baden-Württemberg: www.newcome.de
- Beratungszentren der KfW Mittelstandsbank: www.kfw-mittelstandsbank.de
- Agenturen für Arbeit (Arbeitsämter), Bundesagentur für Arbeit: www.arbeitsagentur.de
- Bundesweite Gründerinnenagentur: www.gruenderinnenagentur.de
- Verband deutscher Unternehmerinnen e.V.: www.vdu.de
- Small-business-academy des Bundesministeriums für Wirtschaft und Arbeit und impulse.de: www.smaba.de
- Alt hilft Jung e.V., Bundesarbeitsgemeinschaft der Senior-Experten: www.althilftjung.de
- Bundesverband Deutscher Unternehmensberater e.V. (BDU): www.bdu.de

- Arbeitsgemeinschaft Selbstständiger Unternehmer e.V.: www.asu.de
- Bundesverband der Selbstständigen: www.bds-dgv.de
- Unternehmerverband mittelständische Wirtschaft: www.umw.org
- Wirtschaftsjunioren Deutschland e.V., Gründerwerkstatt: www.wjd.de
- Vereinigung beratender Betriebs- und Volkswirte: www.vbv.de

Wirtschaftsförderungsgesellschaften oder -ämter und Gründungsinitiativen von Kommunen und Bundesländern:

- E.U.L.E. e.V. – Erfahrung Unterstützt Lebendige Existenzgründung: www.eule-mainz.de
- B.E.G.IN – Bremer Existenzgründungsinitiative: www.begin24.de
- EXINA e.V. Existenzgründungs- und Innovationsförderungs-Agentur Wiesbaden: www.exina.de
- Go! Die Gründungsoffensive NRW: www.go.nrw.de
- H.E.I. Hamburger Initiative für Existenzgründungen und Innovationen: www.gruenderhaus.de
- hep – Hamburger Existenzgründerprogramm: www.hep-online.de
- TCH GmbH, Gründerservice der Region Hannover: www.tch.de

Speziell für technologieorientierte Gründungen:

- Technologie-Zentren, -Transferstellen, -Agenturen und -Initiativen
- ADT Arbeitsgemeinschaft Deutscher Technologie- und Gründerzentren e.V.: www.adt-online.de
- Rationalisierungs- und Innovationszentrum der Deutschen Wirtschaft (RKW): www.rkw.de
- INSTI-Innovationsaktion für Existenzgründer, kleine und mittlere Unternehmen: www.insti.de
- Deutsches Patent- und Markenamt: www.dpma.de
- Patentanwälte Datenbank: www.patentanwaltsuche.de

Informationen für spezielle Branchen sind erhältlich bei:

- Statistisches Bundesamt und statistische Landesämter: www.destatis.de

Branchen- und Berufsverbänden

- Bundesverband der Freien Berufe: www.freie-berufe.de
- Institut für Freie Berufe (IFB) an der Friedrich-Alexander-Universität in Nürnberg: www.ifb-gruendung.de
- Mediafon Beratungsportal für Selbstständige in Medienberufen, aus Kunst und Literatur: www.mediafon.de
- Hauptverband des Deutschen Einzelhandels e.V.: www.einzelhandel.de
- Institut für Handelsforschung an der Universität Köln: www.ifhkoeln.de
- Deutscher Hotel- und Gaststättenverband: www.dehoga.de
- Zentralverband des Deutschen Handwerks (ZDH): www.zdh.de
- Bundesverband der Junioren des Handwerks: www.handwerksjunioren.de

Für Fragen der Unternehmensübernahme:

- Industrie- und Handelskammern
- Handwerkskammern
- »NEXXT« Initiative Unternehmensnachfolge: www.nexxt.org
- Unternehmensbörse: www.change-online.de
- Fit für die Unternehmensnachfolge, Bildungswerk der thüringischen Wirtschaft: www.bwtw.de
- InnovationMarket, Marktplatz für Innovationen: www.innovation-market.de

Professionelle Berater finden Sie über:

Unternehmensberater

- Bundesverband Deutscher Unternehmensberater e.V. (BDU): www.bdu.de
- RKW-Beraterdatenbank: www.rkw.de
- Seniorberater und Wirtschaftsjunioren bei den Industrie- und Handelskammern (Beratung und Begleitung)
- Senior Experten Service (SES): www.ses-bonn.de

Rechtsanwälte und Notare

- Deutscher Anwaltsverein: www.dav.de
- Bundesrechtsanwaltskammer: www.brak.de
- Bundesnotarkammer: www.bnotk.de

Steuerberater

- Deutscher Steuerberater Verband: www.dstv.de
- Bundessteuerberaterkammer: www.bstbk.org

Wirtschaftsprüfer

- Bundesverband der vereidigten Buchprüfer: www.bvb.de
- Institut der Wirtschaftsprüfer in Deutschland: www.idw.de
- Wirtschaftsprüferkammer: www.wpk.de
- Verband Beratender Ingenieure e.V.: www.vbi.de

Beratung zum Thema Franchise

- Industrie- und Handelskammern
- Handwerkskammern

- Deutscher Franchise-Nehmer-Verband e.V.: www.dfnv.de
- Deutscher Franchise-Verband e.V.: www.dfv-franchise.de
- Deutsches Franchise Institut GmbH: www.dfi-online.de
- NEXXT Franchisebörse: www.nexxt.org

Auskunft über Finanzierungs- und Förderungsmöglichkeiten erteilen:

- Internet-Förderdatenbank des Ministeriums für Wirtschaft und Arbeit: www.bmwa.bund.de
- Banken, Sparkassen, Volks- und Raiffeisenbanken
- KfW Mittelstandsbank, KfW Förderbank: www.kfw-mittelstandsbank.de
- Industrie- und Handelskammern
- Handwerkskammern
- Business Angels Netzwerk Deutschland e.V.: www.business-angels.de
- Bundesverband Deutscher Inkasso-Unternehmen e.V.: www.inkasso.de
- Bundesverband deutscher Kapitalbeteiligungsgesellschaften e.V.: www.bvk.de
- Bundesverband Deutscher Leasingunternehmen e.V.: www.leasingverband.de
- Verband der Bürgschaftsbanken e.V.: www.vdb-info.de
- Deutscher Factoring-Verband e.V.: www.factoring.de
- Bürgschaftsgemeinschaft Hamburg: www.bg-hamburg.de

Zum Thema Qualifizierung und Fortbildung erhalten Sie Informationen bei:

(Einige Institutionen bieten direkt Lehrgänge, Workshops oder Seminare für Existenzgründer an, andere weisen auf Veranstalter hin.)

- Industrie- und Handelskammern
- Handwerkskammern

- Rationalisierungs- und Innovationszentrum der Deutschen Wirtschaft e.V. (RKW): www.rkw.de
- KURS Aus- und Weiterbildungsangebote: www.arbeitsagentur.de
- Weiterbildungsinformationssystem WIS des Deutschen Industrie- und Handelskammertages und des Zentralverbandes des Deutschen Handwerks: www.wis.ihk.de
- BMWA/BMBF, Informationen zum Aufstiegsfortbildungsgesetz: www.meister-bafoeg.info
- Liquide, Datenbank des Instituts der deutschen Wirtschaft, Köln: www.liquide.de
- Branchenverbänden, Berufsverbänden
- Partnerorganisationen von kommunalen, regionalen und landesweiten Gründungsinitiativen
- Volkshochschulen
- Agenturen für Arbeit (Arbeitsämter)
- Einige Städte und Gemeinden bieten Stadtinformationssysteme zu Weiterbildungsmöglichkeiten vor Ort an.

Wenn Sie an der Teilnahme an einem Gründungswettbewerb interessiert sind, hier die Adresse, bei der das ZDF als Partner beteiligt ist:

- StartUp-Wettbewerb: www.startup-initiative.de

Stichwortverzeichnis